滨州学院科研基金项目"2016Y35"
滨州市社会科学规划重点研究课题"20-SKGH-69"

创业认知、经验学习与创业机会开发行为研究

Research on Entrepreneurial Cognition,
Experiential Learning and Entrepreneurial Opportunity
Development Behavior

张　敏　著

经济管理出版社
ECONOMY & MANAGEMENT PUBLISHING HOUSE

图书在版编目（CIP）数据

创业认知、经验学习与创业机会开发行为研究/张敏著 . —北京：经济管理出版社，2020. 12

ISBN 978 – 7 – 5096 – 7530 – 4

Ⅰ. ①创⋯　Ⅱ. ①张⋯　Ⅲ. ①创业—研究　Ⅳ. ①F241. 4

中国版本图书馆 CIP 数据核字（2020）第 171802 号

组稿编辑：梁植睿
责任编辑：梁植睿
责任印制：黄章平
责任校对：陈晓霞

出版发行：经济管理出版社
　　　　　（北京市海淀区北蜂窝 8 号中雅大厦 A 座 11 层　100038）
网　　　址：www. E – mp. com. cn
电　　　话：（010）51915602
印　　　刷：北京玺诚印务有限公司
经　　　销：新华书店
开　　　本：720mm×1000mm/16
印　　　张：12. 75
字　　　数：208 千字
版　　　次：2020 年 12 月第 1 版　　2020 年 12 月第 1 次印刷
书　　　号：ISBN 978 – 7 – 5096 – 7530 – 4
定　　　价：68. 00 元

序　言

　　创业是经济发展的重要推动力量，在促进创新、带动就业等方面具有积极作用。改革开放以来，我国先后经历了"草根创业""下海创业""互联网创业"三个创业浪潮，而如今，以"大众创业"为特点的第四次创业浪潮正悄然兴起，新创企业如雨后春笋般涌现。创业者群体日渐庞大，全民创业的时代已经到来。创业活动的兴盛带来了机遇与活力，同时也伴随诸多问题和挑战。据统计，我国新创业企业普遍存在存活率低的现象，创业失败率高达 80% 以上，成为阻碍创业发展的重要问题。值得注意的是，多数创业失败来源于初次创业者，而连续创业者能够有效利用创业资源提升创业质量，降低失败的风险，从而使新创企业表现出更高的生存率和更好的绩效。因此，识别影响连续创业的因素，鼓励、引导连续创业行为，是提高新创企业质量、应对高失败率的重要途径。

　　认知是行为的内在表征。创业者在企业终止运营后是否通过开发新的机会再次创业，本质上是由创业者的认知模式决定的。创业者从创业经历中获取对创业活动最直接、最深刻的认知，往往会影响后续决策和行为。积极的创业认知有利于创业者克服失败带来的不利影响，识别新的创业机会；而消极的创业认知往往是创业者放弃、退出的主要原因。

　　创业知识为创业活动提供内在支持，是推动创业行为的内在力量，有利于创业者识别环境中潜在的机会以及创业能力的提升，进而在开发创业机会时能够有效利用资源，取得良好的创业结果。创业经验是创业知识的重要来源之一，创业者通过经验学习，从经验中获取知识，并通过知识的转化获得内含于自身的隐性知识，能够在新的情境中为创业者所用，解决创业活动中的困难和问题。

创业机会是创业活动的核心，对机会的开发是创业行为的开始，机会开发的方式、质量对于新创企业的成长具有决定性的作用。因此，识别能够促进创业机会开发的因素，推动对机会开发的尝试和实践，是促进创业活动开展的重要方面。

本书以计划行为理论为基础，从创业者个体角度探索影响创业机会开发行为的因素，构建"创业认知－经验学习－创业机会开发"的理论模型，通过针对创业者的实证研究考察创业认知对其再次开发创业机会行为的影响，探索创业认知、经验学习对创业机会开发行为的作用机制，揭示创业机会开发行为的内在驱动过程，为创业者未来的决策提供借鉴。

依托来自有创业经历的创业者的241份调查问卷，采用因子分析、回归分析、路径分析等方法对相关假设进行实证检验，所得出的主要结论如下：

第一，基于经验的创业认知在决定创业机会开发行为中发挥重要作用。创业认知代表了创业者在资源限制、时间压力下特定的思维模式，"认知决定行为"是认知视角研究的基本假设，也是计划行为理论的核心关系。本书证实了创业认知在决定机会开发行为中的重要作用，从理论层面解释了创业认知是区分连续创业与放弃创业的关键个体要素。

第二，经验学习为创业机会开发提供指导。创业者从经验中获取与机会识别的相关知识、克服新进入者缺陷知识，并通过知识转化过程进行深入的加工和吸收，从而获得具有规律性、不局限于现有情境的隐性知识，为创业者在面对新机会、新情境下的判断与决策提供知识基础。

第三，创业自我效能通过提升经验学习促进创业机会开发。创业自我效能伴随创业者自信和努力程度的提升，能够克服失败带来的消极情绪，从而对创业机会开发产生直接影响；能够提升创业者的警觉性和敏感性，使之更善于利用过去经验获取知识，并将其转化为自身隐性知识，从而通过加强经验学习程度促进创业机会开发行为。

第四，自利性归因偏差影响创业者知识转化过程，进而促进创业机会开发。对于积极事件的内部归因提升创业者自我增强动机；对于消极事件的外部归因是创业者自我辩解过程，有利于缓解和降低内疚、后悔情绪，但阻碍了"反事实思维"的形成。因而，自利性归因偏差促进机会开发行为，并且对知识转化程度的提升加强了机会开发倾向，但并没有体现出对知识获取过程的推动。创业者虽表现出创业坚持，但有可能由于知识的缺乏，在未来创业中不能取得理想的绩效。

第五，情感承诺深化经验学习，促进创业机会开发，但有可能导致非理性的连续创业。情感承诺提高创业者的角色认同，促使创业者通过连续创业获得满足感。创业者往往因不愿浪费过去的情感付出而更加努力，提高经验学习强度，获取更多创业知识，并转化为归属于自身的隐性知识，从而为未来的创业行为做准备。然而，高度情感承诺通常伴随承诺升级现象，创业者在缺乏对客观条件的分析情况下进行非理性决策，一味追求新机会的开发，往往不注重机会的质量，对最终创业结果产生不利影响。

本书的创新之处主要体现在以下三个方面：

第一，对计划行为理论的发展和完善。本书以计划行为理论为基础，对创业者连续创业行为进行观测，将创业认知锁定在"由经验产生的认知"，是计划行为理论在特定情境、特定行为研究下的应用，在理论上澄清了"什么样的创业者才能连续创业"这个问题。从认知到行为的探索过程中，考虑了创业者经验学习的影响，在计划行为理论中加入了对于知识的考虑，是对前人理论模型的补充。

第二，基于动态视角深化了创业自我效能、自利性归因偏差和情感承诺的研究。基于创业经验的变化，创业认知不断改变，并对未来产生持续影响。本书考虑了创业认知的动态发展过程，并在此基础上建立了认知与机会开发行为的关系，进行实证检验，这既是对从静态角度探索创业认知的发展，也是对相关研究中缺乏实证现状的改善。

第三，进一步充实了创业者认知与经验学习之间关系的研究。在现有对创业行为的研究中，创业认知视角与创业学习视角各有侧重，但并没有系统地构建两者之间的关系。本书将认知、学习与行为进行综合考虑，建立了创业认知与经验学习之间的联系，从过程角度对"创业者知识结构－知识获取与转化－创业行为"进行动态考虑，是对创业者内在心智活动机理的完整解释。

受笔者水平限制，书中错误及疏漏之处还望各位专家、读者批评指正。

目　录

1 绪论

1.1 研究背景

　　创业活动是经济快速增长的内生力量，是激发市场活力的重要驱动。改革开放后，我国经济快速发展，其中很重要的原因在于四次创业热潮的推动。20 世纪 80 年代，随着政策的开放，创业者群体逐渐形成并以"个体户"的形式参与市场经济，这种"草根创业"的趋势形成对计划经济的冲击，并解放人们禁锢多年的思想，市场的概念深入人心。1992 ~ 1997 年，第一次创业浪潮带来的思想解放进一步扩展，许多企业员工和公务员开始投身于创业之中，形成以"下海创业"为特点的第二次创业浪潮。1997 年至 21 世纪初，互联网逐渐进入人们的生活，诸多创业者敏感地觉察到其中的创业机会，百度、腾讯、阿里巴巴等互联网公司在这一时期形成并迅速崛起，推动了第三次创业热潮，"互联网创业"的迅猛发展带动我国经济的发展。在中国经济进入新常态之际，李克强总理再度强调要掀起"大众创业"的新浪潮，人民群众的创新意识得到加强，创业行为受到鼓励，创业活动为市场提供了大量产品和服务，有望减缓传统行业产能过剩对经济发展带来的消极影响，再一次成为推动经济的重要力量。

　　为保障创业活动的顺利发展，国家出台一系列政策，大力营造有利于创业的政策环境和制度环境，破除创业发展可能遇到的体制障碍。2015 年的政府工作报告明确提出要建设"大众创业、万众创新"新局面，调动创业主体的活力；国务院出台了《关于大力推进大众创业万众创新若干政策措施的意见》等一系列创业支持政策，各级地方政府也相继出台创业支持措施，从市场竞争环境、人才培养、知识产权保护、创业生态系统建设等方面优化创业的制度环境，从财政与融资支持、税收、第三方服务、创业教育等方面为创业者提供切实的支持与优惠。在政策的引导下，越来越多的个体投入创业浪潮，形成浩荡的创业大军。根据国家工商总局发布的信息，新登记注册企业数量呈"井喷"式增长，创业人员占全部就业人员的比重逐年上升。李克强总理在第十二届全国人民代表大会第四次会议中指出，2015 年新登记注册企业增长 21.6%，平均每天新增 1.2 万户。根据《2015 年中国大学毕业生就业报告》，创业浪潮对年轻人的择业观产生巨大影响，选择自主创业的毕业生比例逐年增加，"大众创业、万众创新"的创业支持与引导政策已经初见成效。目前我国已成为全球创业活动最活跃的国家之一，根据 SparkLabs 发布的《2015 全球科技趋势与创业集中区》的研究报告，北京已成为全球领先的十大创业集中区之一。

在创业活动如火如荼发展的形势下，随之而来的诸多问题亟待解决。其中，首要问题是居高不下的创业失败率。中国社会科学院对全国各地创业者进行取样统计，发布了《2015 中国创业心态调查报告》，结果显示，认为自己成功的创业者仅占 30%。"2015 年全球创业创新论坛"的数据也显示，我国新创企业失败率超过 80%。根据腾讯公司发布的《2015 年初创企业死亡报告》，新创企业平均存活时长仅为 32 个月，北京地区成为新创企业死亡率最高的地区，占当年全国新创企业的 41%。如此短暂的企业生存时间揭示了十分重要的现象：创业质量普遍较低，新创企业存活率有待大幅度提升。隐藏在该现象之后的问题发人深省：影响新创企业存活率的因素有哪些？为什么有的企业能够长期生存，有的企业很快以失败而告终？哪些因素是政府能够通过进一步管理和推进进行优化的？哪些因素需要创业者通过自身努力进行改进？与之相关的诸多问题需要政府、创业者以及学术界共同思考并加以解决。

导致创业活动失败率高的原因有很多方面。从外部环境而言，一些地区对于创业政策的执行力度不够，对新创企业所提供的服务体系不健全，资金支持滞后等因素是其中的部分原因。然而，值得注意的是，在同样的创业环境中，有的企业能够长期存续并获得良好绩效，有的企业却在创立不久后遭遇失败，这说明新创企业本身的因素也是导致创业结果差异的重要原因。

创业者是创业活动的直接实施者，是创业行为的核心。探索影响创业结果的个人因素，从而为创业者未来的创业活动提供借鉴，是创业领域研究的意义所在。从早期研究开始，学术界就对创业者特质开展研究，试图寻找能够解释与创业活动相关的个体因素差异（Baron，1998；Chen et al.，1998）。最初学者通过创业者与非创业者的对比研究发现，创业者的自身属性是决定其最终成为创业者并取得良好绩效的关键。因此，创业者与生俱来的风险倾向、信心、对不确定性的容忍等特质被认为是决定创业者行为和结果的主要原因（Koh，1996）。然而，之后的诸多研究发现，创业者与非创业者之间的界限并不清晰，两者在面对不同情境时甚至会出现相互转换。脱离创业所在的情境和动态活动，仅仅从创业者天生的特质角度静态地观察创业行为具有片面性，难以得出令人信服的结论。研究表明，所谓的创业者特质并非一成不变，随着创业活动的开展，创业者的创业经历对创业者信息搜寻、思维模式产生影响，因而创业者表现出不断变化的认知特征。从动态发展的角度而言，这种认知特征将如何随着创业活动的进展而变化，以及创业认知的变化对于后续创业行为和结果产生怎样的影响，是目前研究中亟待解决的问题。

关于创业活动，一个值得深思的现象是：曾经有过创业经验而再次创业的连续创业者创办的企业，其生存概率远高于初次创业者创办的企业。回顾优秀创业者的成长历程，大多都是在经历多次创业的成功和失败之后才有了今天的成就。学界试图从多个角度解释连续创业生存概率高的原因：从社会网络视角看，连续创业者往往拥有更广阔的人际关系网络，因而通过社会网络获取资金、知识比初次创业者更容易（彭华涛，2014）；从知识视角看，过去的创业经历为创业者带来与创业、技能、机会相关的知识，使创业者能够了解创业活动的过程与客观规律，提高创业能力，进而对再次创业行为提供指导（单标安等，2015）。因而，识别创业者中潜在的连续创业者并加以培养，以及鼓励创业者克服失败的阴影连续创业，对于提高企业成活率、推动经济发展具有重要作用。

然而，不可忽视的客观现实是，并非所有的创业者在创业结束之后都能够做出再次创业的决策。有的创业者在经历创业失败之后一蹶不振，产生悲伤、后悔等消极情绪，放弃创业；有的创业者在经历创业失败之后能快速调整心态，走出失败的阴影，在失败中吸取教训、获取知识，为下一次创业做准备；也有创业者在创业中取得较好的绩效，成功退出后也没有再次创业的意图和行为。同样有过创业经历的创业者，为何在未来的创业选择中表现出极大的差异？是什么原因导致有的创业者能够坚持创业，而有的创业者随着企业的终止运营而选择放弃？

过去的创业经历往往对创业者产生持续的影响。首先，在创业经历中形成的对于创业活动的态度、心智模式、思维方式等是创业者后续决策的基础。上述因素代表创业者对于创业活动的内在认知，是决定创业行为的内在驱动力，也是预测、引导再创业决策的关键。对过去的创业经历形成积极的认知有利于创业者提升信心，正确面对失败，从消极情绪中快速恢复，促进创业者连续创业行为；而消极的认知往往能够使创业者陷入自卑、后悔的阴影之中，夸大创业活动的潜在风险，导致躲避、放弃等后续行为。目前，认知心理学和社会心理学的发展为探索创业认知与创业行为之间的关系提供了有利的理论基础，从认知角度研究创业者决策也日渐受到关注（杨俊，2014），成为未来研究的趋势之一。

其次，"从经验中学"也是影响创业者后续行为的重要原因。诸多研究指出，创业经验是创业学习的重要源泉（Shepherd，2003），从经验中获取知识有利于提升创业者能力（蔡莉等，2014），提高创业者运用知识识别机会的可能性，加强对不确定性和风险的应对（马鸿佳等，2014）。因此，对于经验的学习行为是影响再创业决策的重要行为因素，提高从经验中学习的意识和效率、对经验进行深度分析和挖掘，是创业者结束创业后应首先考虑的问题。创业学习对促进连续创业行为的作用日益引起学者的重视。

"大众创业"的创业浪潮对于创业者而言是一次重要的机遇，但同时也是重大挑战。创业浪潮的到来加剧了市场中的竞争，创业者正在面对比以往更为复杂多变的环境，能否通过持续的努力提高创业质量是当今创业者需要面对的选择。怎样的思维方式能够使创业者做出连续创业的决策？在经历创业失败后，创业者应当从哪些方面进行自我调整，从而避免浅尝辄止、半途而废？如何利用过去的创业经验学习，从而为未来的创业行为建立基础？这是目前在针对连续创业的现象中亟待探索和解决的问题。

1.2 研究内容与意义

创业活动是市场经济的重要组成部分，是经济发展的重要驱动力。随着"大众创业"时代的到来，越来越多的人加入创业者的队伍中，新创企业如雨后春笋般涌现。然而，目前我国新创企业存活率低、创业失败率高，致使诸多创业者在面对困难时轻言放弃，缺乏坚持不懈的企业家精神。

本书试图从创业者个体视角出发，针对创业者连续创业行为的影响因素进行探索，主要解决如下问题：为何有的创业者能够坚持连续创业，有的创业者选择退出？从创业者个体角度而言，哪些基于经验的创业认知变量在创业者决策和行为中起决定作用？它们如何影响机会开发行为？创业者对经验的学习在上述过程中发挥着怎样的作用？

目前，越来越多的学者开始关注创业者连续创业行为，探索促进创业者连续创业决策的内部因素对现有研究具有积极的理论意义。

第一，从创业认知角度探索创业者连续创业行为，丰富了创业认知与创业行为之间联系的研究。目前，创业认知的研究经过不断发展已经取得丰硕的成果，但整体上并没有形成一个完整的体系，主要体现在：研究重点相对分散；切入视角不同；所关注的创业认知要素各异；围绕认知要素对创业行为的作用机制存在争议。因此，有必要从理论上进一步探索创业认知对创业行为的影响，弥补现有研究的缺漏。本书以连续创业情境为出发点，试图发现创业认知与创业行为之间的内在联系，丰富创业认知领域的研究。

第二，从知识视角探索连续创业的机理，丰富经验学习理论的研究。知识是创业学习的核心要素，从经验中学，获取有利于再次创业的知识，对于创业者连续创业行为和绩效具有积极影响。本书从知识视角对连续创业机理进行探索，是对创业者行为和决策过程的深入挖掘。

第三，建立了创业认知与创业学习之间的理论模型。创业认知与创业学习本质上都是创业者对于创业过程的认识和探索，一个侧重于思维和态度方面，一个侧重于知识方面。认知和学习对创业者的决策均能产生影响，建立两者之间的关系是对创业者内部驱动因素以及驱动机制的深入探讨过程，能够完整地展现创业者的行为和决策过程。

基于我国创业的背景和趋势，探索连续创业的驱动因素对于创业者而言具有重要的现实指导意义。

第一，从创业者内部角度探讨创业者连续创业行为，对于提升创业能力、促进创业者的坚持具有重要意义。创业者是创业活动的核心，其对创业活动的认知是创业行为的内在驱动力。从创业认知角度探索创业行为、甄别影响连续创业行为的因素有利于对创业者进行积极的引导；从经验学习角度探索创业行为有利于创业者加强学习意识，提高连续创业质量。此外，了解创业规律有利于创业者克服困难、走出失败的阴影、建立积极正确的创业观，从整体上提升创业者质量。

第二，探索连续创业规律对于提高新创企业成活率具有重要意义。目前我国新创企业的高失败率是阻碍创业发展的一大问题。引导创业者在失败的基础上再次创业，通过改善认知、学习提升创业能力，是降低新创企业失败率的途径之一，能够提升创业活动的价值，积极推进新创企业的发展。

第三，探讨影响创业者再创业的认知和学习因素，有利于促进创业教育的开展。创业教育的作用在于依据创业活动的客观规律对创业者进行积极的引导，提升创业者的创业能力，改善创业者对创业活动的态度，推动创业活动的开展。毫无疑问，把握创业者连续创业的行为规律能够为创业教育提供科学、有益的参考。

第四，探讨影响创业者再创业的认知和学习因素，对于风险投资者和创业孵化器等服务机构具有重要的参考意义。在目前的创业浪潮下，创业者水平各有差异，识别具有潜力的创业者对于风险投资者以及创业孵化器等服务者是必须具备的能力。坚持精神是创业精神的重要方面，通过观察创业者对过去创业经验的态度，在过去经验中获取的知识水平判断创业者未来是否能够迎难而上、坚持不懈，能够为投资者和孵化器筛选优秀的创业者提供参考。

1.3　创新点

本书立足于创业者实践，探讨影响创业者连续创业行为的内部因素，从创业认知、经验学习角度研究创业行为，主要创新点在于：

第一，利用计划行为理论探索特定情境下的创业行为，将创业学习引入计划行为理论模型，对计划行为理论进行完善和发展。计划行为理论主要关注创业认知对创业者行为的影响，是一个基于创业过程的动态模型。本书以计划行为理论为基础，对创业者连续创业行为进行观测，将创业认知锁定在"由经验产生的认知"，是计划行为理论在特定情境、特定行为研究下的应用。此外，从认知到行为的探索过程中，考虑创业者经验学习的影响，在计划行为理论中加入对于知识的考虑，对现有理论模型形成有效的补充。

第二，在现有创业认知研究基础上深化创业自我效能、自利性归因偏差和情感承诺的研究。目前对创业认知进行探索，创业自我效能与创业意愿之间的直接作用得到证实，本书在此基础上将创业自我效能作为创业过程中动态变化的要素，建立了创业自我效能与经验学习之间的关系，观察创业自我效能在先前经验影响的基础上如何影响后续创业行为，这是对创业自我效能研究的补充。对于自利性归因偏差，在创业研究中仅从理论上论证了自利性归因偏差的存在，本书在前人理论的基础上运用实证进行检验，补充了相关实证研究的欠缺。对于情感承诺，较少研究关注该变量在连续创业中的作用，也少有研究关注情感承诺与创业学习之间的关系，本书针对该问题提出假设并得到验证，挖掘出情感承诺在创业者承诺升级现象中的驱动作用。

第三，深化创业者认知与经验学习之间关系的研究。作为创业者内生影响因素，创业认知与创业行为、创业学习与创业行为之间的关系均有论证，在单独研究创业学习的文献中，创业认知对一般性创业学习的作用略有关注。本书在上述研究基础上，将认知、学习与行为进行综合考虑，建立了创业认知与经验学习之间关系，是对"创业者知识结构 - 知识获取与转化 - 创业行为"过程的动态考虑，也是对创业者内在心智活动机理的完整解释。

1.4　研究方法与技术路线

本书采用文献研究法、理论分析法、问卷调查法与实证分析相结合的方法。

首先，利用文献研究法，通过归纳、整理现有研究中的主要相关文献，厘清创业认知、创业学习、创业机会识别与开发、连续创业等变量的概念、含义和范畴，对各学派所依据的理论基础、主要观点和存在的争议进行分析和讨论，对各变量之间的关系进行梳理。

其次，利用文献分析法与理论分析法，在文献支撑的基础上构建研究模型，建立创业认知、经验学习与机会开发之间的关系。利用同样的方法，对现有研究进行理论推导，得出与模型相关的研究假设。

再次，利用文献研究法，根据前人的研究确定各变量的测量方式，利用问卷调查的方法获取预调研数据，对数据进行信度、效度分析以检测问卷质量，并根据检验结果对量表进行必要修改，从而进行正式调研。

最后，利用问卷调查法获取正式数据，对其进行相关分析、回归分析、中介效应检验以及路径分析，以检验假设是否成立。通过规范研究法对假设验证结果进行讨论，最终得出研究结论。

本书的技术路线如图1.1所示。

1.5　研究结构

本书旨在探讨创业者在过去创业经历中形成的创业认知、经验学习对后续机会开发行为的影响，从而为创业者连续创业行为的开展提供指导。根据技术路线图1.1，本书共有8章内容，各章主要内容如下：

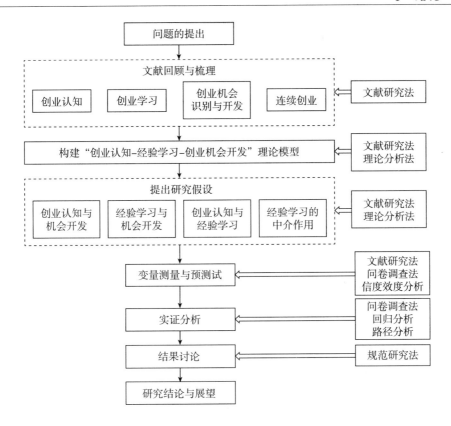

图1.1 技术路线

第1章：绪论。对我国创业活动发展现状进行详细介绍，厘清本书研究的现实背景。提出创业活动中存在的问题，结合目前研究现状和实践现状提出本书的理论意义与实践意义，选定研究方法和技术路线，为后续研究做铺垫。

第2章：文献综述。分别从创业认知、创业学习、创业机会识别与开发、连续创业四个方面介绍了关键概念、主要研究脉络、各学派的理论基础和争论以及现有研究的贡献、不足和发展方向，并说明了本书的研究主题和思路。

第3章：理论模型构建。对计划行为理论的发展及在创业研究中的应用进行详细介绍，在该理论基础之上界定了创业认知、经验学习、机会开发相关的关键概念，并构建"创业认知－经验学习－创业机会开发"模型。

第4章：研究假设的提出。根据"创业认知－经验学习－创业机会开发"模型，提出研究假设；基于现有研究对模型中各个变量之间的关系进行理论论证。

第5章：研究设计。对实证检验过程进行设计。首先进行问卷设计，根据相关文献中的问卷提出变量的测量问卷；其次对问卷进行预测试，并进行信度、效度分析，依据分析结果对问卷进行修改、完善。

第6章：实证分析。对正式测试中回收的问卷进行实证分析，包括信度和效度分析、相关分析、回归分析、中介作用检验以及路径分析。

第7章：结果讨论。结合现有文献与理论，对实证分析结果进行分析，挖掘结果背后的规律与原因，对不显著的假设进行讨论和解释。

第8章：结论、启示与展望。总结本书的研究结论以及对研究者和创业者带来的启示，指出本书研究的局限性和未来发展方向。

2　文献综述

本章从创业认知、创业学习、创业机会识别与开发、连续创业四个方面对相关文献进行概括，对关键概念及发展历程进行梳理，并对概念之间的相互作用关系以及影响因素进行总结，对其中的分歧进行讨论，从而明确已有研究的现状及发展方向，为建立理论模型、提出研究假设做准备。

2.1　创业认知相关研究

2.1.1　创业认知研究的理论基础及发展

随着对创业活动研究的开展，一些与创业者特质相关的问题得到诸多学者的关注，例如，Baron（2004）针对创业者特质提出了创业研究的三个问题：为什么是某些特定群体最终成为创业者？为什么是某些特定群体能够识别出具有高利润的机会？为什么有的创业者能获得高绩效，而有的创业者却频频失败？以至于学术领域及实践领域认为，创业者个体是决定创业成败的关键因素（Shane & Venkataraman，2010），从而使对于创业者个体层面的研究愈加深入。最初，部分学者试图对创业者特质进行统计分析，但多数得到不显著的结果或相互矛盾的结果（Mitchell et al.，2007；Krueger & Day，2010）。后来，随着认知心理学和社会心理学的快速发展和广泛应用，创业者个体层面的研究获得了新的思路和理论支持，产生了创业认知的概念，相关研究得到重视和发展。

认知心理学兴起于 20 世纪 50 年代，是研究个体在信息输入、输出之间，以及应对问题的心理过程和心理机制。根据认知心理学，认知即"个体感官输入的转化、精炼、阐述、存储与应用的大脑运作过程"（Neisser，1967），认知研究的意义在于通过研究个体直觉、记忆和思维模式探索和预测个体行为模式。认知心理学的发展为创业认知的研究提供了理论基础和借鉴。例如，从认知心理学角度，新创业者与连续创业者最主要的差异在于知识结构的不同，知识结构背后的深层信念是影响知识结构的重要因素。深层信念导致创业者认知结构的差异，认知结构表现为创业态度的不同，创业态度是决定创业意愿的因素，创业意愿决定创业者采取的行为措施（Krueger，2007）。诸多认知心理学的理论在解释创业意愿与行为时具有较高的说服力，避免了仅对创业者特质进行统计分析时理论的缺乏以及结果的冲突。

社会心理学是建立在社会学与心理学基础上的交叉学科，主要研究个体与群体的社会心理现象，关注个体如何建构社会现实、个体的社会知觉如何影响其行为、个体行为如何受他人影响（Myers，1993）。个体的能动性是社会认知理论的关键，即人是能够自我驱动、自我控制和自我调节的，自我调节过程依赖于个体的信念、情感等认知要素，因此，自我效能、情感等是决定个体行为与调节能力的重要认知要素。另外，由社会心理学发展而来的社会认知理论也为创业活动的研究提供了基础。社会认知理论关注人的认知、环境、个体行为之间的相互关系，认为认知就是个体在环境的作用下形成的一种可用于决定在新情境下个体行为的心智模式，"环境－个体－行为"彼此相互作用相互影响，形成了个体行为的"三元决定论"。一方面，个体的主观因素能够支配其行为，同时行为也能够反作用于个体的思维与认知。另一方面，个体的主观因素受环境的影响，同时也能够影响周围环境；而个体行为是人改变环境所利用的手段，受人支配，也受环境的制约，从而在"环境－个体－行为"之间形成两两交互的关系（见图 2.1）。

自 20 世纪 90 年代起，大量学者开始关注创业者的认知，试图归纳出创业认知的特征以及作用效果，形成了创业研究的认知学派（Mitchell et al.，2007；Baron，2004）。从研究历程上，杨俊等（2015）对 1976～2015 年的创业认知文献进行统计，将认知学派的发展概括为三个阶段。1976～1998 年是认知学派发展

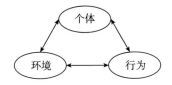

图 2.1 社会认知理论的三元决定论

资料来源：Bandura A. Social foundations of thought and action：A social cognitive theory ［M］. Prentice - Hall，Inc，1986.

的早期阶段，这期间的研究一是强调创业认知的重要性，二是强调创业者的认知过程与普通管理者之间的差异，尚未涉及对创业活动影响的专门讨论。1999 ~ 2008 年为认知学派研究的中期阶段，以理论研究为主、实证研究为辅，借用认知心理学、社会心理学理论揭示了创业认知在创业者机会识别与开发过程中的重要作用，认知学派的研究逐渐形成完整的体系。2009 年至今是目前认知学派的发展阶段，以实证研究为主、理论研究为辅，多数研究具有较为深入的理论基础，可见创业认知的理论发展已经较为完善，研究内容专注于"创业者认知风格的形成过程"以及"对创业行为的影响"。

从研究内容上来看，认知学派的基本假设是，创业活动的独特性本质上并非创业者的外在行为，而是创业者特殊的认知和思维方式（Venkataraman et al.，2012）。在面对高度不确定性的环境，以及时间和资源压力的情境下，创业者往往很难搜集所有有用信息和资源，创业者只能利用异于常规的思维方式和信息加工过程应对环境中的不确定性和模糊性（Busenitz & Barney，1997），难以通过观察规范化、简单化的决策和行为规范来预测创业者行为。创业认知是潜藏在创业行为背后的重要诱因，Bird 等（2012）指出，创业者行为只是表象，其背后的认知因素是决定行为的本质。因此，"认知 - 行为"成为认知学派的重要研究内容和基本框架，即通过探索创业认知导致的决策过程和行为的差异而观察和归纳对创业者有益的认知过程（Mitchell et al.，2007）。

2.1.2 创业认知的内涵

创业认知最广为认可的定义来自于认知学派的学者 Mitchell（2000），他将创业认知定义为"个体进行评估、判断，以及做出与机会开发、企业创立和成长相关决策时所依据的知识结构"。Mitchell 进行了更细致的阐述，认为创业认知是创业者对零散的创业知识的总结，进而形成自己的心智模式，用于与机会、决策等相关的创业活动。该定义从知识结构（或称为"心智模式"）的角度对创业认知进行定义，并指明了创业认知对于各类创业活动具有重要影响，清晰地解释了创业认知的本质与作用。

进一步地，根据专家信息加工理论，专家占有的特定知识结构（或者称为脚本），是其与非专家区别的关键要素，该理论被创业研究者借鉴，认为创业者对于信息的转化、存储、恢复和利用能力是决定其与非创业者之间的区别。因此，Mitchell 等（2000）从信息加工的角度将创业认知划分为三个维度：安排脚本、意愿脚本、能力脚本。其中，脚本即在特定领域内得到深入开发与利用的知识结构（Read，1987）。

安排脚本意在强调创业中能够使创业者获取良好绩效的特殊安排，与特殊安排相关的知识结构即安排脚本，例如创业活动中的创意保护、创业网络建立、创业资源获取、特殊创业技能获取等。

意愿脚本意在强调创业者意愿，即创业者对于创立新企业的承诺和对该类想法的接受程度，构成这种承诺的知识结构即意愿脚本，强调在新的情境和环境下，用一种开放、驱动的态度追寻和开发创业机会，例如机会搜寻、机会开发、风险及责任的容忍度承诺等。意愿脚本使创业者在机会开发活动中比非创业者更能够容忍风险，从而更有利于机会开发行为。

能力脚本指与创业相关的能力、技能、规范、态度的知识结构，例如评判机会开发潜力的评价脚本、在特例中总结规律并运用于其他情境的能力脚本、发掘机会价值并实现价值的能力 – 机会匹配脚本等。

Mitchell 等学者认为，安排脚本直接促进创业决策，意愿脚本能够减少创业者对不确定性的感知，进而激励创业行为，能力脚本为创业者提供决策的基础。认知脚本的存在能够显著解释创业者决策的差异，如图 2.2 所示。

对比 Mitchell 的"创业认知"概念，有少数学者也进行了类似的定义，如Wright 等（2000）将创业认知定义为影响创业行为的灵感与信仰，尽管该概念解释了创业认知与行为的关系，但是有关灵感与信仰的含义较为模糊，因而没有得

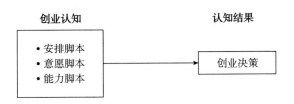

图 2.2　Mitchell 等学者的创业认知维度模型

资料来源：Mitchell R K，Smith B，Seawright K W，et al. Cross – cultural cognitions and the venture creation decision［J］. Academy of Management Journal，2000，43（5）：974 – 993.

到广泛应用。与大多数创业认知的研究类似，本书借鉴 Mitchell 等学者提出的创业认知的概念，即"对创业行为产生影响的知识结构"。

2.1.3　创业认知模式

创业认知依附于创业者，因创业者的信息处理偏好不同产生不同的模式，从而对学习、知识获取、决策等行为产生影响（Kickul et al. ，2009）。

2.1.3.1　直觉式与分析式

Olson（1985）根据个体处理新信息时所耗用的心理资源多少，将认知模式分为直觉式（intuitive）和分析式（analytic）两类，直觉式认知即个体处理新信息时较少依赖心理资源，而是更多依赖自身直觉，认知过程具有随机性，而非依据客观的系统分析。该模式被认为是个体对信息的"热处理"过程。分析式认知即个体处理信息时重视理性分析，遵循规范，占用较多心理资源，被认为是个体对信息的"冷处理"过程。

部分创业研究对直觉式认知有所侧重。有学者认为，创业者面对的环境复杂多变，具有高度不确定性，通常需要在短时间内处理大量新信息，并且信息处理过程受创业者的情感等因素影响，创业者难以用复杂的计算和逻辑进行系统分析，因而创业认知以直觉式认知为主（Delmar & Shane，2003）。Baldacchino 等（2015）的研究发现，直觉式认知模式在成功的创业者中较为多见。随着社会学习理论的发展，启发式（heuristic）认知被应用到创业研究中。启发式认知模式强调个体在短时间内处理大量信息时容易受经验规则的影响，并产生一定认知偏差，而 Gilovich 等（2002）发现，直觉式认知的个体大部分采用启发式认知思维，并且大量研究承认了创业者认知偏差的存在，如反事实思维、情感注入、自我服务、过度乐观等（Baron，1998）。

然而，更多研究表明，直觉式认知与分析式认知共同发挥作用。在 Bird（1988）构建的创业意愿模型中，"热处理"的直觉式认知和"冷处理"的分析式认知在创业意愿形成过程中均发挥重要作用。不同情境下，创业者的偏向不同，从而导致的行为结果也有差异（Krueger & Day，2010），如 Kickul 等（2009）证实了不同创业阶段的创业者侧重不同的认知模式，且对创业自我效能产生不同影响，直觉式认知模式导致个体对机会识别能力充满信心，对资源配置能力缺乏信心，而分析式认知模式则反之。目前，直觉式与分析式所导致的行为结果差异还有待于进一步研究和讨论，两者在创业阶段或创业情境下的偏向以及相互之间的互动作用也没有明确结论。随着对创业认知的深入了解，两种认知模式将得到更为充分的研究和探索。

2.1.3.2　因果推理与效果推理

逻辑推理是个体能动地反映客观现实的认知过程，Sarasvathy（2001）从创业者在创业实践中的决策认知机制出发，提出影响创业决策的两种认知推理模式：因果推理（causation）和效果推理（effectuation）。因果推理将预期报酬最大化作为最终目标，强调运用精准的市场预测和分析方法选择合适的手段，以达到最终目的；效果推理指创业者在不确定性环境下对风险在可承受范围内的资源进行投资，通过与外部网络建立互利关系争取稀缺资源，充分利用突发事件创造可能结果的认知方式（张玉利，2011）。根据概念，在因果推理模式下，创业者具有明确的目标，利用已有知识判断达到目标最合适的方法，由此做出决策；而在效果推理模式下，创业者只能得到有关创业资源和手段的信息，并不能明确知晓将要达到的目标，创业者通过灵活运用手段与机会，结合对风险的感知进行决策。两者的对比如表 2.1 所示。

表 2.1　因果推理与效果推理的比较

	因果推理	效果推理
适用环境	低不确定性，静态、独立的情境	高不确定性，动态、变化的情境
已知条件	明确的目标	有限的手段

	因果推理	效果推理
侧重点	预测能力	控制能力
决策过程	具有目标依赖性，根据已有知识进行目标驱动的决策	具有行动依赖性，根据现有资源应对不确定性和偶发事件进行决策
竞争优势	已有知识	手段与机会
结果	在已有市场占据更大份额	创造新市场

资料来源：根据相关文献整理。

因果推理和效果推理的形成受创业者先前经验的影响，但具体的作用路径和影响方向尚未明确。Dew（2009）等的研究表明，初次创业者使用因果推理模式进行决策，而曾获得成功的连续创业者倾向效果推理模式。Hindle 和 Senderovitz（2010）发现，先前经验对效果推理有负向关系，而 Wiltbank 等（2009）的研究却表明，先前经验越丰富，创业者越倾向效果推理。两者对创业行为的作用效果具有较大差异，De Tienne 和 Chandler（2010）分析了因果推理和效果推理的作用模式，认为因果推理更容易导致创业者在面对短暂失败时退出。Garonne 等（2010）的研究表明，效果推理在促进新创业企业绩效方面具有更佳的提升效应；Forster 和 York（2009）证明了效果推理在提高初创企业成功率、降低退出率方面的积极作用。

对因果推理和效果推理的讨论还处于研究起步阶段，多数研究从创业者面对的高度不确定环境和对现有资源的掌控视角认为，创业者更多倾向于效果推理；然而在不同阶段、不同经验影响下，创业者采用的效果推理程度也存在差异。效果推理被认为能够促进创业者坚持，部分研究还证明了效果推理在促进创业绩效方面有一定作用。然而关于两者发挥作用的机理还有待于进一步验证。

2.1.4　创业认知的前置因素

创业认知前置因素的研究主要是探索诱发创业者产生不同认知过程的心智映射。创业认知一部分决定于创业者自身的先天因素，同时也存在后天习得的成分。由于思维的形成过程难以观测，并且认知和思维的塑造是一个长期的过程，对创业认知形成过程的观察和测量十分困难，导致相关研究多处于理论探索阶段，实证研究较为匮乏（杨俊等，2015）。

在社会认知理论中，Bandura（1986）的三元决定论被广泛地运用于创业认知的研究中。根据三元决定论，创业情境作用于创业认知，成为影响认知的外部因素；同时创业者的行为与创业认知形成相互作用的关系，是认知塑造的个体因素。

首先，创业情境是创业认知的重要诱发因素（Venkataraman et al.，2012）。创业者面对的环境往往充满高度不确定性和模糊性，伴随资源、信息可获性差以及时间约束强、压力大的特点，往往导致创业者信息处理模式的差异（Busenitz & Barney，1997）。例如 Baron（1998）通过理论分析明确指出，信息超载、高度不确定性、高度时间压力是造成创业者认知偏差的重要诱因。又如，正是由于环境中偶发因素的存在，创业者利用效果推理，实现与环境的互动，充分利用现有的手段，以达到在动态环境中掌控资源的目的（Sarasvathy，2000）。

其次，创业者自身行为也是塑造创业认知行为的重要方面。创业者可以通过有意识的引导来培养自己积极的创业认知，例如，Stapleton（1996）指出，创业者参加创业教育或培训影响创业认知图式的发展。Baron 和 Henry（2010）的研究也得出了类似结论，认为创业的刻意练习能够帮助创业者提升创业认知能力。Zhao 等（2005）以及 Boyd 和 Vozikis（1994）发现，对社会支持的寻求也是创业者认知改变的途径。另外，从个体情绪角度考虑，Baron（1998）认为强烈的情绪反应、疲乏、厌倦等状态也是认知偏差的潜在原因。

除了依据 Bandura 的三元决定论，创业经验也被视为创业认知的重要影响因素，并得到广泛关注（Zimmerman，2000）。例如，不同经验能够影响创业者采用因果推理还是效果推理进行决策。除了经验数量的影响外，过去创业成功、失败的结果也能够导致个别创业认知维度的差异，从而对后续决策和行为产生影响。Byrne 和 Shepherd（2015）通过叙事研究发现，失败带来的消极情绪状态诱发消极的认知思维，将负面情绪放大，而成功带来的积极情绪状态有利于创业者认知上的反思。

由此，创业认知并非一成不变，而是受情境、行为以及过去经验的影响。然而，目前对于创业认知前置因素的研究还不充分。第一，创业认知的研究多数集中在"认知–行为"范围内，而对前置因素的关注度不足。对于创业者而言，明确"认知 - 行为"之间的关系能够利用创业认知指导行为，然而，明确前置因素对创业认知的影响能够帮助创业者塑造积极的认知，间接促进其创业行为。第二，对前置因素研究集中在情境、行为与经验中，缺乏多样化的理论基础和多样化的因素探讨。第三，相关研究多数以理论研究或质性研究为主，定量化研究不足。原因可能在于创业认知的影响和变化过程相对较为漫长，对影响因素以及创业认知水平的观测较为困难。因此，关于创业认知前置因素仍有待于进一步的丰富和探索。

2.1.5 创业认知对创业行为的影响

"认知 - 行为"的研究是创业认知研究关注的核心领域，是对创业行为进行机理性的探讨。根据社会认知理论，创业认知对创业行为的作用正是创业者发挥主观能动性的过程。本书对相关文献进行总结，将"认知 - 行为"的研究归纳为对三类具有代表性的创业行为的作用：创业意愿与创业决策、创业机会识别与开发以及创业学习行为。

2.1.5.1 创业认知与创业意愿

创业意愿指创业者为实现目标而投入大量精力、资源和行动的心理状态（Bird，1988），是创业行动的前提。计划行为理论认为，意愿源自创业者对生活经验、创业经验的认知和创业者自身特征，并从行为态度、主观规范、感知行为控制角度建立了"认知 - 意愿 - 行为"模型（Ajzen，1991），后人根据计划行为理论，分别从"思维模式 - 认知 - 意愿"（Bird，1988；Boyd & Vozikis，1994）、"情境 - 认知 - 感知 - 意愿"（Krueger，2003）等角度建立了创业意愿模型，本质上皆为对"创业认知 - 创业意愿 - 行为"的讨论和验证。

除了利用计划认知理论对"认知 - 意愿"进行系统研究外，多数学者更为关注创业者某一特定的认知变量对创业意愿的影响，例如，关于创业者的认知动机、内控制源（Yamakawa et al.，2010）、归因方式（于晓宇等，2013）、效能感（Kasouf et al.，2015；Zhao et al.，2005）、主观规范（Awang et al.，2016）、态度（Douglas & Shepherd，2002）等创业认知变量在促进创业意愿中的作用得到验证。个别学者对某一类创业认知与创业意愿的关系进行持续性研究，从理论与实证方面进行检验，如 Krueger 等（1994，2010）对认知中关于情感和情绪的

"热认知"与创业意愿的关系进行理论层面的讨论；Cardon 等（2005，2012）对创业激情与创业意愿的关系进行了持续性的研究。

总体而言，学者从多方面验证了创业认知对创业意愿的积极作用。值得注意的是，创业认知与意愿的研究较为零散，大多数学者关注某一特定的创业认知对创业意愿的作用，类似于 Krueger、Cardon 等对某一类创业认知进行持续性关注的学者较少，更缺乏将创业者认知与创业意愿和行为的关系进行系统化研究和理论化概括的学者。

2.1.5.2　创业认知与创业机会

创业机会是创业活动的核心，创业认知对机会的研究集中在以下三个方面：

第一，创业者信息处理与机会识别。信息处理过程是创业者认知模式的反应，影响信息和知识的获取，使创业者形成不同的知识集合，导致机会识别的差异。

从信息处理过程视角，Vaghely 和 Julien（2010）构建了机会识别模型，并试图从启发式认知角度解释创业机会识别过程。Gemmell 和 Boland（2012）对 32 名创业者的认知活动进行访谈，利用扎根理论分析指出认知过程在产生新的观点、创意中的重要作用，进而影响创业机会识别。

从认知模式和风格角度，Krueger 和 Welpe（2008）对"冷处理"的信息处理方式进行研究，发现分析式认知模式在创业机会识别与经济效益评价中的重要作用。Mueller 和 Shepherd（2014）指出对待失败的不同认知模式对创业机会识别相关的知识产生的影响，认为直觉式认知能够在失败中获取更多与机会相关的知识。另外，对于创业者能力而言，Sleptsov 和 Anand（2008）从创业者信息收集能力和处理能力角度探讨机会识别情况，认为信息收集能力大于信息处理能力时，会造成边际认知超载，从而导致机会识别过程的低效率。

第二，情感、激情等非理性因素与创业机会评价。Foo 等（2015）建立了"情感活动－知识集成－机会识别"模型，从情感认知与知识集成的角度探索创业者机会识别与评价活动。Shepherd 等（2007）指出创业者非理性认知在塑造创业者关于机会的信念中发挥重要作用。Cardon 等（2005）对创业者激情和情感进行了深入的分析研究，认为非理性因素对创业者多种行为产生影响，如机会评价、创业学习等。Hayton 和 Cholakova（2012）建立了机会认知模型，认为情感状态能够通过影响效能、不确定性感知等认知间接影响对创业机会的感知。

第三，创业认知与机会开发决策。Busenitz（1992）验证了创业者认知偏差和启发式认知对创业决策的重要影响。在做出决策的过程中，McMullen 和 Shepherd（2006）从感知机会合意性、可行性角度建立了创业决策模型。Shane（2003）从过程角度构建了归因认知、机会识别、机会开发模型。在实证研究方面，Shepherd 等（2013）对大量创业者进行实证研究，验证了个别认知维度对创业机会开发决策的积极影响。

创业认知与机会的识别、评价、开发的各个过程紧密相连，现有研究对两者关系的研究较为充分，无论是认知对机会识别、开发过程的影响还是对机会开发机理的判断都做了详细的论证。在研究方法上，多数研究停留在理论分析与建模阶段，少数研究进入实证验证阶段，仍需大量实证研究对两者作用机理提供验证性支持。

2.1.5.3　创业认知与创业学习

随着20世纪60年代认知学习理论的发展，学者试图从认知视角探索个体学习过程，后来该理论运用于创业认知与创业学习的关系研究中，被称为创业者的认知学习。Rae 和 Carswell（2001）从心理学角度出发，利用叙事法研究了创业者信心、创业自我效能、成就动机等认知因素在创业学习中的促进作用。Petkova（2009）、Cope（2011）通过对创业者失败后的反应进行研究，指出创业者对失败的认知影响创业者的学习深度。Baron（2008）讨论了创业认知中的强烈情绪对创业学习的推动和阻碍作用。另外，也有学者探讨启发式认知对创业学习的影响（Holcomb et al.，2009）。

2.1.5.4　创业认知与创业绩效

创业认知对创业行为的影响不仅直接体现在行为的差异上，也作用于创业活动的结果中。对于创业活动的研究，最终目的也是提高创业绩效，因此，利用绩效差异衡量创业认知的影响是观察创业认知的重要方面，也是备受学者重视的一个方面。

Hmieleski 和 Baron（2009）根据社会认知理论对创业者乐观与后续绩效的实证研究结果证明，过度乐观是导致创业绩效下降的原因之一。进一步地，Hmieleski 和 Baron（2008）指出，创业者在高度乐观情况下，效能与绩效呈现负相关关系，而在中等乐观情况下，效能与绩效呈现正相关关系。另外，承诺（Cardon et al.，2005）、效能（Schwarzer，2014）、内控制源（Elena et al.，2015）、模糊容忍度（Teoh & Foo，1997）等认知对绩效的促进作用得到证实。

就目前创业认知与绩效间关系的研究现状而言，多数研究的论证依据认知心理学等较为宏大的理论，缺乏对中型理论的利用和探讨。此外，各个认知维度的研究零散，缺乏一个能对创业认知系统化的理论。另外，尤其值得注意的是，不同学者在创业认知与绩效方面的实证研究中常出现诸多矛盾的结果，如 Landier 和 Thesmar（2009）的研究表明乐观促进创业绩效，与 Hmieleski 和 Baron（2009）研究结论相矛盾，甚至有学者认为创业认知与创业绩效之间不具备必然的因果关系（Grégoire et al.，2015；Sexton & Holcomb，2009）。究其原因，一方面在于各个学者的研究情境不同导致差异的存在，另一方面，创业认知与绩效的关系并非线性（Bouchikhi，1993），因此需要利用更为精确的量表进行测量，并运用较为精密的分析方式进行数据处理。尽管创业认知与绩效的研究丰富，在理论基础的利用与模型精确度方面仍有待于深化。

2.1.6　创业认知研究的评述

创业认知研究是认知心理学、社会心理学等多个学科的交叉在创业情境下的应用，自 20 世纪 90 年代以来受到学术界重视并不断发展。创业认知研究旨在识别创业者与非创业者、成功者与失败者、坚持者与放弃者之间的内在认知差异，辨别有利于降低创业退出率、提高创业绩效的认知要素，从而促进创业行为、提升创业质量。已有研究表明，特定的创业认知在促进创业者意愿的产生、提高机会识别与评价能力、帮助创业者做出创业决策、深化创业学习程度、提升创业绩效等方面具有积极的促进作用，创业者可以通过创业情境、创业行为的改变塑造积极的创业认知。从研究方法上，多数学者基于心理学相关理论构建了"认知－行为"模型，部分学者利用叙事法、扎根理论对典型案例进行分析，以及利用实证数据进行定量检验，为后续研究提供了基础。

然而，现有的创业认知研究仍有很大的发展空间。第一，总体而言，创业认知的研究较为分散，没有形成完整的系统。理论上，认知心理学、社会心理学成为支持创业认知研究的宏大理论，研究普遍缺乏对中层理论的精准利用；从现实上，各学者关注认知研究的某个方面，学者之间的研究较为分散，缺乏一个能够将各个认知变量系统化的理论基础或研究模型。第二，创业认知的定量化研究不足。其中的重要原因之一在于，创业认知的持续变化过程难以监测，目前对于创业认知的测量方式和精度不能满足测量需求，导致量化研究的困难。第三，对同一认知变量的讨论往往出现相反的结果。创业认知与创业情境紧密联系，不同环境、不同经历的创业者的认知作用路径具有差异，在进行研究时应予以充分考虑。

总之，创业认知在创业领域研究中越来越受到重视，对于认知在创业活动中的重要作用逐渐被发掘，在未来研究中有待于更广泛地借鉴现有理论，在特定情境下结合创业实践进行探索与验证，从而为创业者参与创业活动提供更具针对性的指导。

2.2 创业学习相关研究

2.2.1 创业学习及相关概念

2.2.1.1 创业学习的概念

创业学习的概念源自于创业研究中对组织学习理论的运用。随着对创业活动研究的深入，学者逐渐意识到学习活动在获取知识、识别和开发创业机会等方面发挥着重要作用，甚至有学者认为创业过程本身就是一个持续的学习过程（Minniti & Bygrave，2001）。

目前对创业学习的定义有两种偏向：过程观和结果观（见表2.2）。过程观认为创业学习即创业者通过学习，从经验中获取知识的过程，如 Politis（2005）、Wing（2012）、Minniti 和 Bygrave（2001）的研究；结果观强调创业学习对于未来创业活动的指导，从而发挥效用，如 Schumpeter（1934）、Kirzner（1973）、Rae 和 Carswell（2001）、Holcomb 等（2001）的研究。关于创业学习最早的研究发源于经济学，强调学习的经济效用，例如促进创新和机会感知等。此后，随着创业学习多元化研究的开展，依据不同的理论，对创业经验、创业认知、社会网络等因素的侧重形成了经验学习、认知学习、社会学习的分化：经验学习强调了由创业经验获得创业知识的过程，认知学习更加关注创业者认知导致的学习变化以及对后续行为的影响，社会学习侧重于探索创业情境和社会网络对创业者知识的影响。

表 2.2　创业学习的概念

研究视角	学者	定义	基础理论
过程观	Politis（2005）	把个人创业经验转化成关于管理和创立企业的知识的过程	经验学习
	Wing（2012）	创业者将经验转化为学习结果的循环过程	经验学习
	Minniti 和 Bygrave（2001）	总结成功和失败的经验与教训，进而增强创业者信心，提高其知识储备的一种重复性的、实验性的过程	经验学习认知学习
结果观	Schumpeter（1934）	对自然与社会的学习，学习的结果是产生创业活动中的创新	经济学
	Kirzner（1973）	是一种创造性学习，能够提高创业者对于机会的警觉性	经济学
	Rae 和 Carswell（2001）	创业学习包括了解（knowing）、实践（doing）、理解（understanding），创业者通过学习提升自信，最终实现机会的识别与开发	认知学习
	Holcomb 等（2001）	创业者通过自身经验或观察他人创业的行为、过程、结果而获取和吸收知识，从而应对不确定环境中的各种偏差	社会学习

资料来源：根据相关文献整理。

因此，创业学习是一个多维度、多视角的概念，根据单一理论无法对创业学习的概念进行准确、全面的界定。对创业学习的研究应综合考虑创业者的创业过程、先前创业经验、投入资源、认知水平、所处的情境、社会网络等多方面因素，才能够对创业学习进行较为全面的界定。

此外，从创业学习的层次方面，目前文献中关于创业学习的概念多为创业者个体层次的学习，个别学者认为除了个体层面的研究还存在企业层面的总体学习。企业层面的学习既关注学习的结果又关注企业内部成员间的相互作用，与组织学习的研究相类似，所以多数学者将创业学习定义为创业者层面的学习。借鉴上述观点，本书采用创业者个体层面的概念。

2.2.1.2 创业知识的概念

多数对创业学习的概念界定中强调了创业知识的获取。知识是创业学习的重要载体，甚至有学者认为，创业学习与创业知识的概念是难以区分的，创业学习研究的开始就是区分创业者的经验和在此中获取的知识（Politis，2005）。

最早对创业知识的界定源于 Kirzner（1973）根据资源基础理论进行界定，认为创业知识是与资源获取、资源配置相关的知识，并指出创业知识是创业者获取竞争优势、实现价值创造的关键。Alvarez 等（2013）进行类似界定，指出创业知识是有关资源获取、资源配置并利用资源创造价值的知识。

除了资源观，机会观也是创业知识界定的视角之一。Politis（2005）将创业知识划分为识别机会的知识和克服新进入者缺陷的知识。Holcomb 等（2009）指出创业知识是关于寻求机会与竞争优势的知识。De Clercq 等（2013）认为创业知识既包含与机会识别、评价、利用相关的知识，又包括实现创业机会的可行性知识。

在上述研究的基础上，部分学者对创业知识进行职能化定义，根据知识在创业活动中发挥的作用将创业知识定义为与产品、市场、财务、组织、目标、技术、环境、战略、商业活动等相关的知识（Widding，2005；Cope，2005）。这种职能化定义与创业活动各个步骤相契合，更符合创业实践，然而很难找到支撑各个知识的理论基础，也很难在某项研究中将所有与创业活动有关的知识全部覆盖。因此，本书借鉴资源观和机会观的观点，将创业认知定义为有利于创业者识别、评估创业机会，并获取资源以开发和利用创业机会的知识。

创业知识与创业经验、创业学习的概念容易混淆。创业经验来自于创业者过去的创业实践，是创业活动形成的结果。创业经验是创业知识的来源之一，将创业经验转化为创业知识的过程就是创业者经验学习的过程（Holcomb et al.，2009）。如何利用创业经验中的积极因素促进创业知识的获取和积累，并转化为对创业者再创业有益的知识，是创业经验学习研究的意义所在。

2.2.2 创业学习经典模型

现有的创业学习最早从经济学视角进行研究，随着多学科的融入与发展，经济学视角的研究逐渐融入其他学派领域之中，经验学习视角、认知学习视角、社会学习视角的研究日益深入，分别关注创业者经验、认知和心理因素、社会情境对创业学习的影响。下文对经典的创业学习模型进行总结，并对不同学派之间的差异进行对比分析。

2.2.2.1 Kolb 经验学习循环模型

Kolb（1984）较早对经验学习进行探索，其经验学习循环模型在创业研究中得到广泛应用。在 Kolb 的模型中，创业者经验学习被划分为四个步骤：具体体验、反思观察、抽象概括、实践检验（见图 2.3）。四个步骤依次影响，在更高水平上形成往复循环，呈现学习的螺旋上升。具体体验是创业者从实际活动中获取直接经验的过程，创业者从事创业活动时对所在环境进行深入体验和互动；反思观察是将体验获取的经验进行搜集和观察，根据过去的经验、知识进行深入思考，在思考中得到经验的提升；抽象概括是对上一步反思过程所获取的知识进行归纳整理，结合创业情境总结规律，寻求行为与结果之间的联系；实践检验是将创业者抽象归纳的知识在新的情境下使用、对知识的正确性进行检验的过程，也是创业者通过"干中学"开启下一个学习循环的前提。四个步骤环环相扣，各个步骤之间的转化是通过不同的学习思维方式实现的：发散式学习是对经验进行感性认知的加工过程，吸收式学习是对经验理性认知的加工过程，收敛式学习是对经验进行理性加工且结合外部行动的加工，适应式学习是对经验进行感性加工和外部行动的加工。

进一步地，从知识加工的角度，具体体验和抽象概括反映了创业者对知识的理解过程，即通过理解获取经验和知识；反思观察和实践检验强调了创业者对知识的转化过程，通过转化改造经验。因而，根据知识加工方式，经验学习又包括知识获取、知识转化两个过程，前者往往伴随创业者利用式学习模式，后者往往伴随创业者探索式学习模式。

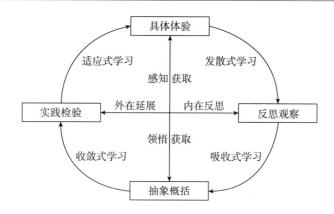

图 2.3　Kolb 经验学习循环模型

资料来源：Kolb D. Experiential learning：Experience as the source of learning and development ［M］. Englewood Cliffs, NJ：Prentice - Hall, 1984.

Kolb 从学习的步骤、学习思维方式、学习维度等方面构建的经验学习循环模型，从思维、知识等多角度解释了经验学习的机理，之后得到诸多学者的实证检验。因此，Kolb 的经验学习循环模型作为经验学派研究的经典模型，成为后续相关研究的基础。

2.2.2.2　Politis 经验学习模型

Politis 的经验学习模型（见图 2.4）将 Kolb 的经验学习循环模型发展到创业领域的研究中，强调经验在构建创业知识方面的重要作用。他将创业学习理解为创业者个人经验向创业知识转化的过程。其中，影响创业者把经验转化为知识的主要因素是创业者对以往事件结果的考虑、主导逻辑或推理以及职业偏向。如果创业者以往经历过多次创业失败，偏好于效果推理，且具有不连续的职业偏向，那么，他们往往会比较倾向于采取探索式的经验转化方式；如果创业者曾取得过多次创业成功，偏好于因果推理，且具有连续的职业偏向，那么，他们往往会采取利用式的经验转化方式。同时 Politis 指出，探索式经验转化方式会加强创业经验与识别机会间的正向关系，而利用式经验转化方式能加强创业经验与克服"新进入者缺陷"间的正向关系。该理论框架不但聚焦在创业经验与创业知识的关系上，更注重考察创业者的经验如何转化为创业知识这一过程。

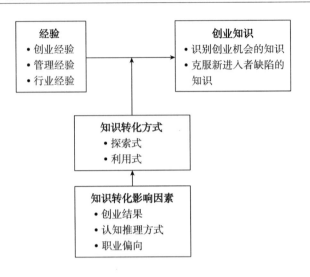

图 2.4　**Politis** 经验学习模型

资料来源：Politis D. The process of entrepreneurial learning：A conceptual framework ［J］. Entrepreneurship Theory and Practice, 2005, 29（4）：399 – 424.

2.2.2.3　Corbett 经验学习过程模型

Corbett（2005）借鉴 Kolb 的经验学习理论，结合创业机会的发现和开发过程提出了关于机会的经验学习过程模型。Corbett 认同创业知识在创业学习中的重要作用以及经验学习在创造新知识中的重要作用，认为创业知识的不对称性是创业机会发现的关键所在。经验学习导致知识的获取，尤其是异质性知识的获取，是影响创业机会识别的关键因素，因此将机会识别的准备、孕育、评估、实施四个阶段与经验学习的四种思维加工模式匹配，形成基于机会的经验学习过程模型（见图 2.5）。在机会准备阶段，创业者运用收敛式学习对知识进行储备；在机会孕育阶段，创业者运用吸收式学习获取知识；在机会评估阶段，创业者运用发散式学习，选取与机会有关的知识，预估机会的结果；在实施阶段，创业者运用适应式学习对机会进行开发。

随后，Corbett 在 Kolb 经验学习模型基础上验证了创业者在机会识别和开发过程中的知识获取、知识转化过程，利用实证研究证明了创业者在采用不同的知识获取、知识转化模式时对创业机会识别的影响（见图 2.6）。当利用抽象概括的知识获取模式时，专用人力资本与机会识别的数量呈现正相关关系；当利用具

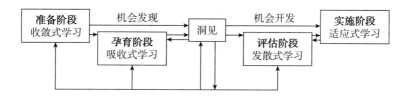

图 2.5 Corbett 基于创业机会的经验学习过程模型

资料来源：Corbett A C. Experiential learning within the process of opportunity identification and exploitation [J]. Entrepreneurship Theory and Practice, 2005, 29 (4): 473 –491.

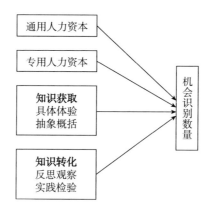

图 2.6 Corbett 的经验学习与机会识别关系模型

资料来源：Corbett A C. Experiential learning within the process of opportunity identification and exploitation [J]. Entrepreneurship Theory and Practice, 2005, 29 (4): 473 –491.

体体验的知识获取模式时，外在化的实践检验过程比内在化的反思观察过程更有利于创业机会识别。

2.2.2.4 Rae 和 Carswell 认知学习模型

Rae 和 Carswell（2000）较早地从心理和认知角度关注创业学习，并构建了认知学习模型（见图2.7）。首先，在模型中，创业者的信心成为创业学习的核心。缺乏信心的创业者无法完成创业活动；信心也是创业者设立目标并为之努力的强大动力。其次，创业者的价值观和成就动机是创业者实现目标的具体驱动力，促使创业者不断付出努力。当创业者实现既定目标后，取得的成就将会加强创业者信心，形成更高目标的循环。而创业者的学习就作用于上述循环之中，是一个提升信心进而促进最终目标实现的过程。此外，个人理论（即将学习中获得的知识应用于决策中的能力）、能力、社会关系对创业者信心产生影响，随着创业进程的深入以及创业认知水平的提高，创业者将会更深一步地进行创业学习。此外，社会关系也是创业学习的来源之一。

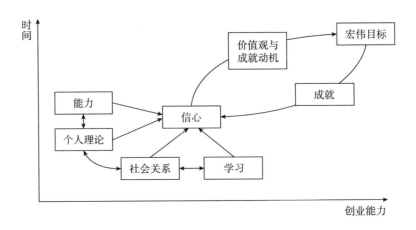

图 2.7　Rae 和 Carswell 认知学习模型

资料来源：Rae D, Carswell M. Using a life - story approach in researching entrepreneurial learning: The development of a conceptual model and its implications in the design of learning experiences ［J］. Education and Training, 2000, 42（4/5）: 220 - 228.

尽管 Rae 和 Carswell 的认知学习模型仅就创业者认知中的信心要素进行分析，但是该模型较早关注创业学习中与认知相关的因素，为后人探索认知与学习的关系提供了启示。

2.2.2.5　Holcomb 等的启发式学习模型

启发式认知是创业者的重要认知方式，由 Holcomb 等（2009）引入创业学习的研究之中。在 Holcomb 等的启发式学习模型中（见图 2.8），创业者的经验学习以及通过借鉴他人的行为进行的间接观察学习均受创业者启发式认知的影响。启发式认知帮助创业者推动学习进程，促进知识获取，同时作用于创业决策。当创业者面对时间压力、资源约束、高度不确定性的情况下，启发式认知使创业者能够做出可得性推断、代表性推断、锚定和调整推断，结合经验学习和观察学习所获取的知识做出创业决策，促进创业行为。而通过实施创业行为获取的结果将重塑创业者所处的环境，进而对创业学习活动形成循环性的影响。

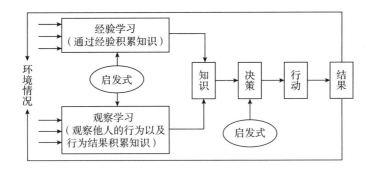

图 2.8 Holcomb 启发式学习模型

资料来源：Holcomb T R，Ireland R D，Holmes R M，et al. Architecture of entrepreneurial learning：Exploring the link among heuristics，knowledge，and action ［J］. Entrepreneurship Theory and Practice，2009，33（1）：167-192.

2.2.2.6 Rae 社会学习模型

Rae（2006）根据社会学习理论构建了创业者社会学习模型（见图2.9），将自我与社会身份、情境学习、协商创业作为创业学习的基本要素。创业者在开展创业活动之初就发生社会身份的改变，明确自我和社会身份有利于创业者明确创业的责任和义务。

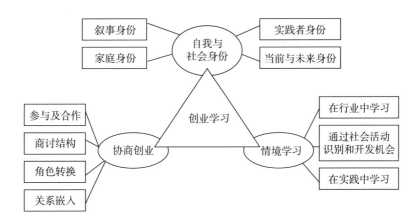

图 2.9 Rae 的社会学习模型

资料来源：Rae D. Entrepreneurial learning：A conceptual framework for technology based enterprise ［J］. Technology Analysis & Strategic Management，2006，18（1）：39-56.

自我与社会身份包含叙事身份、家庭身份、实践者身份、当前与未来身份四个维度。叙事身份是创业者为他人叙述创业经历过程中构建的身份，家庭身份是家庭向创业者创业活动提供认同和支持时获取的身份，实践者身份是创业者在社会行动中的身份，当前与未来身份指创业者身份会随着叙事、家庭环境、行为活动的改变而变化。自我与社会身份是创业学习的重要来源，强调了创业者与他人互动过程中的认同与自我认同。

情境学习是创业学习的重要组成部分，行业情境、社会活动情境、实践情境都是能够直接对创业者学习活动产生影响的环境。在行业中学习是指创业者利用行业经验以及与同行业人的交流充实专业技能；通过社会活动识别和开发机会是指通过参与社会活动建立社会网络，获取有益于创业的信息和知识，进而识别、开发创业机会；在实践中学习指创业者通过不断实践实现"干中学"过程。

协商创业指创业者与他人合作创业的过程。该过程包括参与及合作、商讨结构、角色转换、关系嵌入四个方面，通过参与及合作确定创业的人力资源，组建创业团队；商讨结构指在创业行为实际执行之前确定企业文化和制度；角色转换指确定团队中的管理与被管理关系，为创业活动的开展确定管理基础；关系嵌入指与顾客、供应商、投资者等外部主体建立交易、联盟等关系，从而促进创业活动的开展过程。

2.2.2.7 不同学派创业学习模型的对比分析

上述创业学习模型为现有研究中具有较高理论贡献的经典模型，涵盖了创业学习研究的主要学派：经验学习、认知学习、社会学习。

经验学习关注创业者学习的行为过程，强调了创业学习的路径依赖性，即先前创业经验是创业者知识获取与转化的重要来源。Kolb 经验学习循环模型深入探究了经验学习的步骤与维度，清晰地解释了创业学习的内在机理；Politis 经验学习模型探究了创业者学习中知识获取、知识转化的相互关系及影响因素；Corbett 经验学习过程模型从动态角度将经验学习与机会识别、机会开发相结合，是经验学习在后续行为研究中的重要应用。从经验学习经典模型的演化来看，创业经验是创业学习的核心与基础，对于经验学习中从经验到知识的转变过程已形成较为权威的观点。通过经验学习获取创业知识，对知识进行转化，对创业者机会识别等行为产生促进作用，并有可能影响后续决策、行为和绩效。结合创业过程对经验学习的效能机制进行探讨，挖掘经验学习对创业行为的作用机制，是经验学习研究中的重要趋势。

认知学习侧重于研究创业者认知心理对创业学习的影响。Rae 和 Carswell 认知学习模型着重研究了创业者信心作为学习与目标之间的关键变量所发挥的作用；Holcomb 等启发式学习模型是建立在经验学习与观察学习（即社会学习）的基础上，着重研究了启发式认知对学习的关键作用，并指出启发式认知对于学习相关的后续行为具有直接影响。认知学习从认知心理学角度对创业者学习过程进行探索，强调了创业者的主观能动性，相关模型通常存在的局限性在于，同创业学习一样，创业认知也是包含多层次、多概念的复杂过程，对于认知与学习的研究通常只能关注某些认知变量的作用，难以从宏观上建立认知与学习之间的理论关系。

社会学习关注创业者所在的环境与情境，以及与外在环境的互动过程对创业学习的影响。Rae 社会学习模型分别从创业者自我、创业者的环境、创业者与环境的互动角度探索创业学习过程。社会学习关注了创业者所在的环境和情境因素，补充了经验学习、认知学习中未考虑创业情境因素的不足。

创业学习是一个多维的概念，对其进行多学派、多视角的研究有利于深入解释创业学习的行为结果（见表 2.3）。各学派所依据的基础理论不同，侧重点有差异，均具有相应的理论贡献和不足之处。总体而言，创业学习的研究还处于多种学派各自发展时期，尚不能形成完整统一的系统，多数研究还不能将创业学习很好地融入创业活动中进行动态化研究，学习理论与创业理论还有待于进一步融合和发展。

表 2.3　创业学习经典模型的对比

	模型	学习途径	基本要点	核心观点
经验学习	Kolb 经验学习循环模型	从创业经验中学	经验学习包括知识获取、知识转化两个维度，形成具体体验、反思观察、抽象概括、实践检验四个学习步骤的循环	创业经验是创业者获取知识和转化知识的最主要来源
	Politis 经验学习模型	从创业经验、管理经验、行业经验中学	创业学习是从经验中获取能够识别机会、克服新进入者缺陷的知识的过程，知识转化方式在该过程中起重要作用	

续表

	模型	学习途径	基本要点	核心观点
经验学习	Corbett 经验学习过程模型	从创业经验中学	在机会发现与开发的不同阶段采取不同的学习方式，而知识获取与转化的过程影响创业机会识别	创业经验是创业者获取知识和转化知识的最主要来源
认知学习	Rae 和 Carswell 认知学习模型	提升信心	创业学习是在信心提升过程中实现的，带动价值观与动机的提升，促进目标达成	认知因素是决定创业学习的关键
	Holcomb 等启发式学习模型	启发式认知影响创业学习过程	启发式认知作用于经验学习、观察学习过程，促进知识获取，并直接影响创业者在不确定性下的决策	
社会学习	Rae 社会学习模型	在社会、情境、合作中学	自我与社会身份、情境、与他人合作等社会嵌入性因素是创业学习的决定因素	环境决定学习过程

资料来源：根据相关文献整理。

2.2.3 经验学习及维度

从经验学习视角，创业知识主要来源于创业经验。经验学习有利于创业者获取与机会相关的知识和克服新进入者缺陷的知识（Politis，2005），有利于创业者的机会识别，在不确定的环境下做出决策（Sarasvathy，2001）。然而过于依赖经验学习也阻碍了对知识的更新和对外部知识变化的感知（Ucbasaran et al.，2009），从而产生锁定效应（lock in）（单标安等，2014）。

经验学习包含两个关键过程：知识获取与知识转化。对于经验学习中知识获取与知识转化的理解，首先应区分经验与知识。经验是个体在实践中，利用自身感官直接感受到的客观事物，以及对事物之间的关系形成简单的记忆痕迹的过程，是在特定情境下获取具有较强情感意志体验的一种认知成果（贺华，2015），而知识是被概括和总结过的、剥离了个体特征的、理论化了的认知成果，具有鲜明的理性特征（张新华和张飞，2013）。知识可以分为隐性知识和显性知识，隐性知识指存在于个体头脑中、适于某种特定情境下、难以正规化且难以沟通的知识（Polanyi，1966）；显性知识是易于交流和沟通的一般知识。创业者学习过程即经验到知识的转化过程，将经验中的情境性、主观性进行剥离，从而得到在新情境下有利于创业目标实现的普适性知识。

从知识获取、知识转化过程对经验学习的划分最早源自于 Kolb 的经验学习循环模型。在 Kolb 的经验学习循环模型中，创业者知识获取被认为是狭义的经验获取过程，包括对经验的感知与领悟。感知过程即创业者在创业经历中获取直接经验，与创业者的具体体验相关，是对经验的"记录"过程；领悟过程是对上述经验进行重构和自我创造的过程，即对经验的"理解"，只有领悟过的经验才为创业者所用。而从知识转化层面，创业者通过内在反思与外在延展完成对经验的加工，即将经验转化为知识。内在反思是个体内部行为，是对经验的智力运算；外在延展是针对目标和情境进行的延伸式加工。Kolb（2014）从哲学视角论证了知识获取与知识转化的内涵与关系（Kolb，2014），成为后人研究经验学习的基础。

Politis 在经验学习模型中借鉴了 Kolb 的知识获取与知识转化的概念探索经验学习过程，并且对知识转化的方式提出了见解。知识获取即创业者经验的获取过程，知识转化与创业者的知识有关，是将经验转化为知识的过程。知识转化可以有不同的形式，如探索式知识转化、利用式知识转化，前者重在探索新的知识，后者重在利用现有知识。

根据知识管理理论，知识获取并非经验的取得，而是知识的取得（Tsang，2002；Norman，2004），这一观点也被多数创业领域的学者所接受（Aldrich & Martinez，2001；单标安等，2015），并提出创业者知识获取的四个来源：先前经验、社会网络、教育与培训、创业实践（Lumpkin & Lichtenstein，2005）。因此，结合 Kolb 和 Politis 从经验学习角度以及知识管理理论角度对知识获取的定义，在本书中对知识的来源进行限定，将知识获取定义为：创业者从创业经验中获取知识的过程。与知识转化相比，知识获取具有更强的客观性，随着创业活动的推进、创业经验的积累而发生。

Kolb 和 Politis 将知识转化定义为从经验到知识的转化，该定义并不明晰，与 Politis 关于经验学习的定义形成一定交叉和重合。知识管理理论从显隐性知识转化的角度将知识转化定义为显性知识与隐性知识之间相互转化并产生新知识的过程（Nonaka & Takeuchi，1995），个别学者将知识转化等同于知识吸收（Lane et al.，2006），认为知识转化的核心在于将获取的知识经过自身的消化、吸收等加工过程，转变为能被自身所理解、所运用的隐性知识。为将知识转化与经验学习过程相区别，本书结合知识管理中对于知识转化的定义，认为知识转化是创业者通过对知识进行消化和吸收，转化为自身隐性知识的过程。与知识获取相比，知识转化依赖于创业者对知识的深入加工，能够体现创业者的主观能动过程，受创业者主观作用更为明显。

2.2.4 创业学习研究的评述

对创业学习的研究形成三个主要学派：经验学习、认知学习以及社会学习。对各学派的经典模型进行总结可知，创业学习具有复杂的内在运作机理，并在创业活动中扮演重要角色，能够影响创业者在未来的决策和行为，进而影响创业结果。目前创业学习各学派的研究具有完善的理论基础并形成了基本的研究框架，各学派之间相互补充，为后人的研究提供了良好的基础。

然而，目前创业学习的研究仍存在诸多问题。首先，各学派之间联系松散，尚不能通过理论整合并融合为统一的整体，使从总体角度关注创业学习变得十分困难。其次，概念模型多于定量化研究，在创业学习的实证研究方面还需进一步的验证和补充。最后，对于学习理论和创业实践的融合有待于进一步加强，从而将创业学习融合到动态创业过程中，更好地契合创业实践的规律。

基于本书的研究情境，结合经验学习的经典模型对经验学习的概念进行深入探讨发现，不同学者对于经验学习及其知识获取、知识转化维度的界定还存在一定差异。目前对于经验学习的探索更多地在于经验学习的内在机制、结构，缺乏结合创业活动进行动态的研究和观测，对知识的积累、更新、扩张进行动态研究。

总之，现有研究对于创业学习越来越关注，其中的经验学习作为创业学习的重要部分，在知识获取与转化方面得到广泛的讨论，为后人的研究奠定基础。然而，对于经验学习的研究还应结合知识管理理论进一步明确关键概念的范畴，结合创业过程进行动态化或情境化研究，从而为创业实践提供有益的指导。

2.3 创业机会识别与开发相关研究

诸多学者将机会的识别与开发视为创业研究的核心，例如 Shane 和 Venkataraman（2000）指出创业研究关注创业机会通过"谁"和"怎样"识别、评价、利用机会，从而将机会转化为产品，Timmons 等（1987）指出创业过程即创业者或创业团队利用资源开发创业机会的过程。针对创业机会的研究较为丰富，并结合创业过程形成对创业机会识别、创业机会开发的动态化探索。

2.3.1 创业机会的概念与来源

对创业机会概念的理解，不同学者侧重点存在差异，有的学者侧重于从机会的结果角度进行定义，有的学者在此基础上兼顾了机会的过程。从结果角度而言，Kirzner（1973）指出创业机会即满足市场需求、实现市场价值的可能；Ardichviliet 等（2003）认为创业机会即潜在价值。总之，从结果角度，创业机会是满足市场需求、创造价值的可能性。从过程角度，Shane 和 Venkataraman（2000）指出创业机会即创业者提供新产品、新服务、新组织方式，从而更好地获取利润；Smith 等（2009）指出，创业机会即创业者通过创新或模仿而提供产品服务的过程。总之，从兼顾过程和结果的角度，创业机会即创业者通过对资源的开发而实现价值创造的过程。由于后一种观点更为全面，本书研究借鉴后者的定义。

关于机会的来源，相关领域的学者进行了广泛的讨论。一部分学者认为机会是独立于创业者的客观存在，因此机会源自于创业者对机会的发现，即机会的"发现观"；另一部分学者认为机会是创业者个体行为的产物，机会源自于创业者的构建与创造，即机会的"创造观"。实践中，机会的发现和创造并不是完全对立的，创业机会的产生与开发往往是两种观点的结合。

根据机会的发现观，机会源于环境的变化或信息的不对称性。来自环境的变化使市场稳定的状态发生改变，资源存在流转与重新分配的可能，而机会则潜藏在这些可能性之中。由此，机会可能来源于经济、政治、社会、人口、技术、市场供给和需求、创新等方面（Ardichvili et al.，2003；Timmons，1987）。对环境的变化的感知是把握创业机会的关键，掌握异质性信息对创业者机会发现而言也同样重要。根据信息不对称的观点，机会来自于利用异质性知识识别他人不能识别的机会，克服低效率运作，从而创造价值（Krizner，1980）。因此，知识的获取以及保持对机会的警觉性对于创业者的机会识别而言具有重要作用。

发现观强调机会是独立于创业者的客观存在，创业者利用环境变化所产生的机会或基于信息不对称性发现客观存在的机会，利用相关资源和条件对机会进行开发并创造价值。在发现观中，创业者的能动性体现在机会的开发过程中，创业者的警觉性对于机会的识别与开发起着至关重要的作用。

根据机会的创造观，机会来自于创业者主动打破市场均衡以及创造新的知识（Eckhardt & Shane，2003），创业者可以通过引入新的产品或服务、新的生产方式或组织方式，通过创新行为开发新的需求，从而创造出新的利润增长点，即将机会作为一种达到目标的手段。因此，机会的创造观强调机会可以通过创业者的主观能动过程进行创造与建构，创新是机会创造的核心，创业者的探索精神和能动性得到肯定。从知识的角度看，创业者不仅应获取异质性知识，更需要对知识进行加工和创造，利用新知识创造机会实现价值。

在创业实践中，创业机会既有来源于创业者发现的部分，又有创业者创造的部分，前者依赖于环境的变化和异质性知识的获取，后者依赖于创业者对市场均衡的打破以及知识的创造。而从知识角度看，知识的获取与知识的创造都可能作为机会的来源，在机会识别与开发过程中扮演重要角色。

2.3.2 创业机会的过程模型

在实践中，从创业机会的识别到利用机会提供产品和服务以实现价值增值具有强烈的过程特点，机会首先被创业者感知到才能进行后续的开发过程，因此，关注创业机会研究的学者从过程角度提出了创业机会过程模型，为创业机会的研究提供了直观的参考。

2.3.2.1 Ardichvili 创业机会核心过程模型

Ardichvili 等（2003）提出的机会识别与开发理论模型将创业机会与企业创立过程结合在一起。模型认为创业者认知因素、社会网络因素以及知识都是创业机会的影响因素，而创业者对于机会的警觉性作为中介变量影响创业机会的行为过程。对于创业机会，创业者首先通过感知、发现、创造进行机会识别，在此基础上产生机会评估、开发、创办企业的后续行为。在 Ardichvili 的模型中并未区别机会评估、开发和创办企业的先后逻辑顺序，仅强调了机会识别与上述行为的先后关系。此外，从企业角度，机会开发之后并不意味创业任务的结束，对新创企业的经营将是创业者面对的另一项挑战。

Ardichvili 等的创业机会核心过程模型清晰且较为全面地展现了创业机会的影响因素以及从机会开发到企业运营的完整过程，明确了机会识别与机会开发行为的先后关系。然而模型中并未区分机会开发、评估与企业创办的先后过程，三者之间的相互关系有待于进一步论述（见图2.10）。

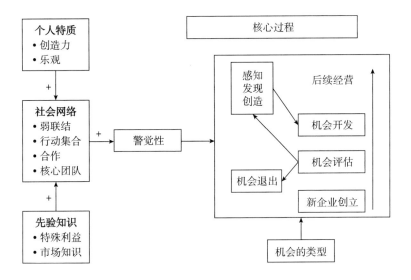

图 2.10　Ardichvili 等创业机会核心过程模型

资料来源：Ardichvili A，Cardozo R，Ray S. A theory of entrepreneurial opportunity identification and development［J］. Journal of Business Venturing，2003，18（1）：105 – 123.

2.3.2.2　Shook 等创业机会识别与开发模型

Shook 等（2003）在对现有研究进行总结的基础上提出了创业机会识别与开发模型（见图2.11）。模型中对于导致机会行为的相关因素集中在从心理和认知角度的探索，但模型中明确地展现了创业者从意愿产生到机会开发的行为过程。根据 Shook 等创业机会识别与开发模型，创业机会始于创业意愿的产生，在创业者识别创业机会后才能产生创业机会开发的意愿和行为。尽管该模型对于前置因素的探讨并不充分，但模型中对机会相关行为的过程提供了清晰的解释。模型的不足之处在于过于集中解释创业者与机会相关的直接行为，没有关注创业机会开发的后续结果。

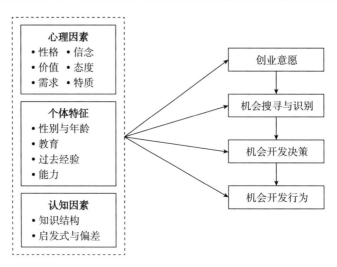

图 2.11 Shook 等创业机会识别与开发模型

资料来源：Shook C L, Priem R L, McGee J E. Venture creation and the enterprising individual：A review and synthesis［J］. Journal of Management，2003，29（3）：379 – 399.

2.3.2.3 林嵩等创业机会识别与开发理论模型

林嵩等（2005）对前人关于创业机会的理论研究进行系统化概括，认为与创业机会直接相关的活动包括机会搜寻、机会识别、机会开发，形成创业机会的三阶段模型（见图 2.12）。而影响创业机会相关行为的主要因素，一方面来自创业机会本身，即机会的自然特征；另一方面来自创业者的个人特征，例如警觉性、已有知识、风险等要素。而机会识别与开发与新创企业的关系主要表现在对企业战略的影响和对企业成长的影响。林嵩等提出的创业机会识别与开发理论模型是将创业机会相关研究进行系统化总结与呈现的过程，为后人的实证研究提供了逻辑上的借鉴。

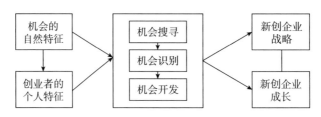

图 2.12 林嵩等创业机会识别与开发理论模型

资料来源：林嵩，姜彦福，张帏. 创业机会识别：概念、过程、影响因素和分析架构［J］. 科学学与科学技术管理，2005（6）：128 – 132.

上述模型均从机会相关行为的动态发展角度进行构建，融合了机会的识别、开发过程与企业成长过程，因而更符合创业机会开发的实践。值得注意的是，上述模型的共性在于，揭示了创业机会识别与创业机会开发作为创业机会相关活动的核心环节和核心概念，是创业者最重要的创业机会行为。对于机会识别和机会开发的关注也是创业机会领域研究的重要主题。

2.3.3 创业机会识别及前置因素的研究

创业者识别创业机会被认为是创业的起点。机会识别是创业者对机会的知觉过程（Baron，2006），是机会开发的基础。在机会识别的研究中，最为普遍的问题在于"为什么是他们识别出了创业机会"，从而对机会识别的前置因素引发了广泛的讨论和探索。对相关研究进行归类，可将创业机会识别的前置因素分为：认知、知识与学习、创业者经验、创业者社会网络。

认知角度关注创业者在信息加工过程中的认知模式，认为认知的差异是决定创业者识别机会的关键。最具代表性的认知变量为 Kirzner（1973）提出的创业警觉性，包括创业者搜寻信息、选择信息以及抽取信息中隐含的商机的能力（苗青，2005），能够促进创业者把握有用信息、识别创业机会。此外，规则聚焦、自我效能、发散思维、反事实思维等认知变量使创业者形成易于识别机会的认知图示和认知结构，能够敏锐感知到环境的变化，识别他人不能察觉的机会（Tumasjan & Braun，2012）。

知识与学习角度的研究利用了创业机会的知识属性，其所依据的假设是：创业机会识别在于创业者拥有异质性知识或者能够创造出新知识。Shepherd 和 DeTienne（2005）研究表明，创业者先验知识越丰富，个体识别机会的数量越高。相关地，创业学习就是一个知识的获取与转化过程，学习方式不同，创业者机会识别的角度存在差异，识别的数量也受影响（Corbett，2005）。

创业者经验与创业机会识别之间的关系具有一定争议。从本质上看，经验也是知识积累的过程，因而有的学者认为经验的影响与知识、学习的影响是一致的。经验有利于形成对于机会独特的直觉和感知，有经验的创业者往往比新手更多地识别机会（Baron & Ensley，2006）。然而，也有研究表明，失败经验与机会识别呈现倒"U"形关系（Ucbasaran et al.，2009），失败经验达到一定积累之后反而抑制了机会识别行为。原因在于，失败经验带来知识积累的同时也导致消极情绪的积累，两者共同影响机会识别，当消极情绪的影响超过知识积累的影响时，表现为经验的增加抑制机会识别行为。对此还需更多的实证检验和讨论。

创业者社会网络是影响创业机会识别的外部因素。社会网络能够带来创业者自身难以获取的信息，尤其是结构洞的存在，能够为创业者带来大量新信息，进而促进创业机会识别（Bhagavatula et al.，2010）。Ma 等（2011）进行更深入的研究后认为，社会网络与机会识别的关系受个体主义和集体主义文化的影响，在个体主义文化中，弱关系以及结构洞与机会识别之间的关系更为显著。

从创业过程角度看，机会识别是创业者与机会相关行为的起点。最直接地，机会识别通常直接导致创业者的机会开发行为。机会识别对其他创业活动的影响并不直接，往往通过机会开发行为产生间接作用，本书将在机会开发的相关文献中阐明。

2.3.4　创业机会开发的前置因素及影响

机会开发指利用创业机会建立有效的运营、运作体系来提供产品和服务，并获取收益的过程（Choi & Shepherd，2004）。创业机会开发在机会识别完成之后才能开展，是对机会识别的行为实践，通过机会开发能够直接产生创业结果。与创业机会识别类似，创业机会开发也受到来自创业者内部或外部诸多因素的影响，但产生影响的具体变量有所差异。机会识别是创业者利用知识做出判断的过程，而机会开发是创业者利用资源进行运作从而创造价值的过程，后者更为复杂，因而受到更多因素的作用。从创业过程上看，创业机会识别是影响创业机会开发的最直接过程，创业者识别的机会数量越多，则所开发的机会数量越多（Fuentes et al.，2010）。除此之外，对创业机会开发行为的影响因素还包括来自于创业者认知、知识、经验、社会网络等主观因素和资源禀赋、环境等客观因素。

2.3.4.1　影响创业机会开发的主观因素

（1）创业者能力。创业机会开发具有较强的实践性，缺乏对机会的开发能力、对资源的获取能力、与客户的沟通能力以及创新能力，往往导致创业者开发机会的动力和信心不足（Choi & Shepherd，2004）。因此，创业者能力是机会开发的必要条件。

（2）创业者经验。创业者经验与创业机会开发之间存在显著的影响。Fuent-es 等（2010）通过研究指出，成功的经验越多，创业者开发的创业机会数量越多。Ucbasaran 等（2009）的研究表明，创业者经验与机会开发的创新性呈现倒"U"形关系。

（3）创业者知识。由于个体拥有的知识具有较大差异，不同个体在面对创业机会时的地位是不平等的。创业者知识的相关性与深度对机会开发形成交互的正向影响，创业者所拥有的与某个机会相关的知识越多，越倾向于开发创业机会。知识能够降低创业者对于机会开发过程中不确定性的感知，掌握越多的信息和知识，创业者越倾向于认为自己能够处理开发机会过程中的不确定性，进而做出开发机会的决策（Wood & Pearson，2009）。此外也有研究表明，创业者的外部知识对创业机会开发同样起到积极的促进作用（Foss et al.，2013）。

（4）创业者认知因素。创业者认知因素包含了创业者对创业行为的思维模式，当面对同样的创业机会时，有的创业者更多地考虑开发机会的潜在风险，有的创业者更多地考虑开发机会获取的收益，从而在行为表现中存在差异。研究表明，风险倾向、自信、乐观、情绪状况、规则聚焦、认知偏差、感知控制等（Hmieleski & Baron，2008；Carolis & Saparito，2006；De Jong，2013）认知变量对创业机会开发行为均产生影响，并且现有研究不断进行拓展，试图从多角度解释"谁来开发创业机会"的问题。值得注意的是，对于认知与机会开发行为的研究也存在一定矛盾，例如，Grichnik 等（2010）的研究表明，强烈的积极情绪和消极情绪都不利于创业机会开发，而 Welpe 等（2012）验证了积极情绪对创业机会开发的促进作用。

（5）社会网络因素。来自于创业者社会网络的支持和信任对创业机会开发具有积极的促进作用（Choi & Shepherd，2004），创业者网络规模、网络嵌入性、结构洞、强联结等因素被证实对创业机会开发产生积极的促进作用（Fuentes et al.，2010）。

2.3.4.2 影响创业机会开发的客观因素

（1）资源禀赋。成功开发创业机会是创业者的目标，而创业者的资源禀赋是达到目标的手段。人力资本、物质资本、技术资本是从事创业机会开发的必要条件，创业者对机会进行投入才能创造出新的产品和服务。因此，创业者能够投资的资源对创业机会开发行为产生影响，越多的资源投入，创业者越不怕失败，同时也越有信心取得成功的结果，机会开发的动机更强（Choi et al., 2008）。

（2）环境因素。创业者所面临的技术、市场、政治、文化等环境是进行机会开发实践的基础，环境的宽松性、动态性、复杂性影响创业者开发机会的可能性（Hmieleski & Baron, 2008）。

2.3.4.3 机会开发的后续影响

创业机会开发是创业者进行创业实践的开始，对创业者创业结果具有重要影响。首先，创业者对于机会的行为是取得创业绩效以及新创业企业成长的基础（Hmieleski & Baron, 2008），机会开发投入的资源越多，越有可能取得良好绩效（Gielnik et al., 2012）。其次，创业机会开发行为影响后续的战略选择（林嵩等，2005），例如所开发机会的创新性影响企业的战略革新（Kreiser, 2010）；Li（2001）提出机会开发对战略选择产生影响，并在绩效上表现出差异。

对于创业机会开发的研究，多数学者更侧重研究机会开发的前置因素，以解释"谁开发机会"的问题。机会开发对于后续战略的匹配以及绩效的影响研究还有待于更多学者的关注。

2.3.5 创业机会研究的述评

通过对创业机会相关研究的回顾可知，创业机会得到学者的广泛关注，对于创业机会的概念、创业机会在创业实践中的运作过程已形成较为明晰的观点。多数学者试图通过探索创业机会识别与创业机会开发的前置因素回答"为什么是他们识别创业机会""为什么他们能够成为创业者"的问题。所探索的前置因素覆盖面广，包含了认知、知识、经验、学习、社会网络等对创业机会识别的影响因素，以及能力、经验、认知、知识、社会网络、资源禀赋、环境等对创业机会开发的影响因素，对创业者的机会开发提供了借鉴，也为后续研究提供了基础。但其中个别影响因素对创业机会识别或开发的促进作用以及作用方式存在争议，仍有待于进一步做实证检验。此外，创业机会前置因素的研究所依据的相关理论较少，更多是对于实践的检验，缺乏能够将前置因素系统化的理论基础。

关于创业机会识别、创业机会开发对后续行为造成的影响，目前缺少较为系统和详细的探索。现有研究明确了机会开发对企业成长、战略选择具有关联关系，然而其关系的作用机理以及与战略之间的匹配模式还需要进一步探索和检验。

因此，在未来对创业机会的研究中，结合创业者的实践，实现对创业者与机会相关行为的系统化研究，尤其需要加强对创业机会前置因素的理论基础和系统化探索，以及拓展机会开发结果变量的研究。

2.4　连续创业相关研究

2.4.1　连续创业及相关概念

连续创业的研究始于对创业者中非同质群体的探索，创业者拥有的创业经验差异导致其行为和绩效上存在显著区别，因而划分连续创业者与初次创业者对于进一步观察创业行为具有重要意义。

尽管学者试图从创业经验方面对创业者进行归类，然而在具体划分和概念定义上具有诸多分歧。Cross（1981）最早使用"习惯性创业者（habitual entrepreneurs）"术语对创业者群体进行区分，认为习惯性创业者指有过创业经验的创业者。MacMillan（1986）采用更严格的定义，将有过创业经历并同时运营至少两家企业的创业者称为习惯性创业者。Birley 和 Weathead（1993）则认为习惯性创业者指在进行或即将进行独立创业之前已经有过至少一次创业经历的创业者。

类似地，Donckels 等（1987）使用"多重企业创办者（multiple business starters）"概念描述已经创办过一家企业，又创办另一家企业的创业者。Kolvereid 和 Bullvag（1993）利用"有经验的创业者（experienced entrepreneurs）"的术语表示上述概念。Alsos 和 Kolvereid（1998）提出"连续创业者（serial entrepreneurs）"的概念，定义为过去创办过至少一家企业的创业者，并且目前该企业已经关闭或出售。而 Gompers 等（2007）认为连续创业者指过去创办过至少一家企业的创业者。Ucbasaran 等（2008）在回顾已有文献基础上对创业者进行了不同层次的划分，认为创业者首先可以分为"初次创业者（novice entrepreneurs）"与"习惯性创业者（habitual entrepreneurs）"，初次创业者表示没有以任何形式参与过任何创业活动而首次创业的个体，习惯性创业者表示至少在两家或两家以上企业通过创立或购买的方式占有股份。对于习惯性创业者又可以进一步分为"连续创业者""组合创业者（portfolio entrepreneurs）"，前者指曾经创办过企业又参与创业的创业者，后者指同时拥有两个或两个以上企业的个体。

根据对创业者的分类可知（见表2.4），目前对连续创业者、习惯性创业者等概念定义的范畴有所差别和重合，各学者主要依据自己的研究对象进行定义，目前尚未形成统一的定论。本书试图探究创业者在过去创业经历中形成的认知、学习对未来创业行为的影响，强调创业者曾经有过创业经历，因而采用 Gompers 等（2007）对于"连续创业者"的定义，即过去至少创办过一家企业的创业者。

表2.4 现有研究对创业者的分类

学者	概念名称	概念内涵
Cross（1981）	习惯性创业者	有过创业经历的创业者
MacMillan（1986）	习惯性创业者	有过创业经历并同时运营至少两家企业的创业者
Birley 和 Weathead（1993）	习惯性创业者	在进行或即将进行独立创业之前已经有过至少一次创业经历的创业者
Ucbasaran 等（2008）	习惯性创业者	至少在两家企业通过创立或购买的方式占有股份
Donckels 等（1987）	多重企业创办者	已创办过一家企业，又创办另一家企业的创业者
Kolvereid 和 Bullvag（1993）	有经验的创业者	有过创业经历的创业者
Ucbasaran 等（2008）	组合创业者	同时创办、拥有两个或两个以上企业的个体
Alsos 和 Kolvereid（1998）	连续创业者	过去创办过至少一家企业，并且目前该企业已经关闭或出售的创业者
Gompers 等（2007）	连续创业者	过去创办过至少一家企业的创业者
Ucbasaran 等（2008）	连续创业者	曾经创办过企业又参与创业的创业者
Ucbasaran 等（2008）	初次创业者	没有以任何形式参与过任何创业活动，首次创业的创业者

资料来源：根据相关文献整理。

对创业者进行连续创业与初次创业的划分是以创业经验的有无为标准，因此，创业经验在连续创业的研究中处于核心位置。经验指个体经历的事件，或通过观察、参与事件而获得的知识、技术。目前对于创业者的经验主要有两种表示方式，一种是"创业经验"，强调创业者参与创业活动积累的经验以及知识与技能（Ucbasaran et al.，2010）；另一种是"先前经验"，强调创业者在本次创业之前拥有的创业经验、行业经验、管理经验等多种经验（Politis，2005）。本书重在探索创业者关于创业活动的经验，因而采取创业经验的表述。

2.4.2　连续创业者的行为特点

划分连续创业与初次创业行为的初衷在于探索连续创业者与初次创业者的差异，总结连续创业者的行为特点，因而现有文献主要集中在对连续创业者行为特点的探索方面。

2.4.2.1　连续创业者的个体特征

多数学者认为，之所以有的创业者能够坚持创业、连续创业，首先存在一些影响创业的个体特征因素。Schaper 等（2007）的研究表明，连续创业者在年龄上普遍大于初次创业者，在性别上更多为男性，具有更高的学历。Westhead 和 Wright（1998）的研究表明，初次创业者女性更多，连续创业者男性更多；连续创业行为与家庭支持的关系更为密切。然而 Birley 和 Westhead（1993）的研究表明，连续创业者与初次创业者在年龄、性别、教育程度、工作经历、财务状况等方面并不存在显著的区别。因此，在个体特征因素是否影响连续创业行为方面仍未形成定论。

2.4.2.2　连续创业者的认知因素

由于创业经验不同，连续创业者与初次创业者的思考、处理信息方式存在差异，对创业活动的态度也有不同。与初次创业者相比，连续创业者在应对新进入者缺陷方面更有优势（Politis，2008），在创业中表现出更强的创新性和创造力，同时在制定决策时更为谨慎小心（Westhead et al.，2005），对待创业活动的态度更为乐观（Ucbasaran et al.，2010）。然而连续创业者也存在认知方面的劣势，例如 Podoynitsyna 等（2012）指出连续创业者容易受情绪冲突的影响；Westhead 等（2005）提出，连续创业者不如初次创业者更能够享受创业的乐趣；McGrath（1999）认为没有经历过失败的连续创业者的认知偏差更为明显，例如容易出现错误归因、过度自信的认知偏差。从思维模式上，连续创业者更倾向于采用效果推理的方式（Politis，2008），也更依赖于整体思维，采取团队合作的形式创业（Dew et al.，2009），初次创业者更侧重独立意识（Westhead & Wright，1998）。

2.4.2.3 连续创业者对知识的运用

创业经验被认为是创业者增强技能、获取知识的来源，以及创业学习的重要情境（McGrath，1999；于晓宇，2011）。多数研究认为，连续创业者被认为具有更强的知识获取能力和知识转化能力。

与初次创业者相比，连续创业者利用更少的信息就能完成决策和行动，对于信息和知识的利用效率更高；连续创业者具有更强的信息搜集能力，善于利用多样化的信息来源，能够建立看似无关事件之间的联系并寻找有用信息（Westhead，2005），进而能够识别更多机会。Parker（2013）指出，连续创业者能够更深入地开展创业学习，并由此取得绩效上的短暂提升。然而，Ucbasaran 等（2003）研究表明，连续创业者与初次创业者在知识搜寻与获取方面并无差别，仅在知识的转化与利用方面体现出优势。

2.4.2.4 连续创业者的创业坚持

多数研究认为，连续创业行为能够进一步地促进创业者的坚持。连续创业者往往拥有更多的技能和资本，有利于创业者维持经营；连续创业者所创立的企业具有更高的运营效率，具有更强的生存能力；连续创业者的财富投入和积累有利于资本的补充，提高企业运营的成功概率（Plehn－Dujowich，2010）。

2.4.2.5 连续创业者的机会识别与开发

连续创业者具有更强的机会识别能力是现有研究中较为公认的事实。Westhead 等（2005）通过对比研究指出，连续创业者在机会搜寻上更专注，对机会也更加敏感，具有更高的警觉性；同时连续创业者比初次创业者具有更广泛的信息来源，往往比初次创业者识别更多的创业机会。在机会开发方面，连续创业者倾向于选择风险较小的机会，采取更谨慎的态度（Westhead & Wright，1998）。Ucbasaran 等（2009）指出，尽管连续创业经验促进机会识别，但失败经验与机会识别呈倒"U"形关系，并非直线增长的关系，因而过多的失败可能导致创业者机会识别能力下降。

2.4.2.6 连续创业绩效

连续创业行为对绩效的影响存在争议。基于"干中学"理论、资源获取理论，有学者指出创业经验提高了成功的可能性（Eesley & Robert，2006），通过实证研究证明连续创业者比初次创业者拥有更高的绩效（Westhead & Wright，1998；Kirschenhofer & Lechner，2012），或者至少拥有更好的生存绩效（Gordon et al.，2007）和成长绩效（Westhead et al.，2005）。也有学者指出，由于经验学习带来绩效的提升是短暂的，因而随着创业次数的增多，连续创业者的绩效呈波浪式增减（Parker，2013）。Toft‐Kehler 等（2014）的研究考虑了创业者在经历成功、失败之后的情绪变化对绩效的影响，利用实证研究得出连续创业者的创业次数与绩效之间存在"U"形关系。而 Westhead 等（2005）通过对比研究认为，连续创业者、组合创业者与初次创业者的绩效并没有显著区别。因此，连续创业行为与绩效之间的关系有待于进一步检验和讨论。

2.4.3 连续创业研究的述评

对于连续创业的关注是建立在对创业者深入研究的基础上，说明了创业研究已经从笼统地关注全体创业者阶段到分类别界定，从而进行更为细致准确的研究阶段。由于创业经历不同，连续创业者与初次创业者表现出的决策和行为模式存在差异，对创业者群体进行细分有利于研究准确度的提高。目前诸多学者以经历过创业活动的创业者为研究对象，探索其认知、学习、机会开发与绩效等方面的特点，在连续创业者态度、情绪、思维模式、知识转化、创业坚持、机会识别与开发方面形成了一定研究积累，为进一步探索连续创业者行为特点提供了参考和基础。

然而，对于连续创业者的研究还存在诸多分歧。首先，在概念界定方面，尚未形成广为认可的"连续创业"概念，各学者依据自己的研究需要对连续创业者的范畴进行界定，也有学者采用"习惯性创业""有经验的创业"等术语描述，从而导致不同的研究口径不一。其次，诸多针对连续创业者的研究，主要从连续创业与初次创业的行为对比中得出结论，缺乏对连续创业行为机理的深入挖掘，也少有研究基于特定的理论基础对连续创业行为特征进行理论上的解释。再次，在连续创业者的部分认知特点、知识获取以及绩效表现等方面的研究结论不统一，甚至出现相互矛盾的结论。究其原因，一方面是因为不同研究所限定的连续创业者范畴不一样，另一方面，研究对象来自不同的国别和群体，因而在某些方面体现出差异。对于连续创业行为还有待于进一步的研究和探索。

2.5 本章小结

本章对本书所涉及的相关理论、概念及研究状况进行梳理。从创业认知方面，基于心理学与创业领域的交叉研究的发展提供了理论基础，针对认知与学习行为、机会开发和绩效的研究已经取得丰富的结论。在创业学习方面，经验学习、认知学习、社会学习等学习形式在创业学习的研究中得到深入研究，尤其针对经验学习的机理和过程已经建立了广为认可的经典模型。在创业机会方面，以机会识别和机会开发为核心概念和步骤的机会理论在解释"为什么他们能够成为创业者"问题上已经取得一定进展。连续创业的相关研究证实了连续创业者与初次创业者在认知、学习、机会识别等方面表现出显著的差异。然而，对于创业认知、创业学习、机会开发与识别、连续创业的个别概念和研究结论还存在诸多分歧，有待于对理论的进一步运用，以及利用实证工具进行深入检验。

3 创业认知、经验学习与机会开发模型的构建

第2章总结了创业认知、创业学习、创业机会与连续创业的相关研究，指出了本书所依据的文献基础，进一步明确了所要研究的重点和主题。以曾有过创业经历的创业者为研究对象，意在探究影响机会开发行为的因素，从而观察其连续创业倾向。首先，基于计划行为理论提出了连续创业情境下的机会开发模型；其次，对模型中相关变量的内涵予以阐述；最后，在分析方法与思路方面提出本书的设计思路与实施流程。

3.1 计划行为理论的演进

3.1.1 计划行为理论及其产生

计划行为理论（Theory of Planned Behavior，TPB）源自于社会心理学中对于意愿和行为预测的研究。Ajzen 和 Fishbein（1977）从个体态度与行为关系视角建立了理性行为理论（Theory of Reasoned Action，TRA）（见图 3.1）。但在后续研究中，Ajzen（1987）发现，人的行为并不完全是态度和规范等自愿的结果，而是受到个体感知行为控制的影响，并将这个控制因素加入理性行为理论之中，发展成为计划行为理论。该理论经过不断补充和完善，已经被认为是能够预测个

体行为的成熟理论，并得到广泛运用，其中包括针对创业行动和决策的运用。Bird（1988）指出企业创立的过程需要创业者详细的计划和谨慎的决策，而计划行为理论有利于预测创业行为。

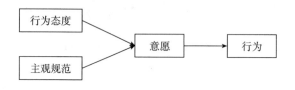

图 3.1　Ajzen 和 Fishbein 的理性行为理论核心模型

资料来源：Ajzen I, Fishbein M. Attitude – behavior relations: A theoretical analysis and review of empirical research [J]. Psychological Bulletin, 1977, 84 (5): 888.

　　早期对于个体意愿与行为的研究基于"理性人"假设，认为人们做出决策之前能够考虑到自身行动的影响，因而人的态度对决策有决定性的作用（Ajzen & Fishbein，1980）。在理性行为理论中，根据个体的态度和规范就能预测出后续的行为，当人表露出某种态度倾向时，通常会伴随行为的产生。

　　在理性行为理论提出后，Ajzen 发现人并不能充分控制自己的态度和行为，当存在技能缺乏或环境限制时，这种缺乏控制的现象更加突出，使行为不可预测；而当人们认为自己能够控制行为时，意愿与行为才表现出可预见性。因此，Ajzen 在模型中加入感知行为控制，形成了计划行为理论。

　　计划行为理论的核心论点包括：个体在高度行为控制的情况下，其意向能够决定行为，但个体行为控制受到来自资源、机遇、能力等要素的制约；感知行为控制对行为发生有直接影响，很大程度上能够预测行为发生依赖于感知行为控制的真实度；行为态度、主观规范和感知行为控制决定个体的意向和行为，三者有共同的认知基础，但又彼此独立；行为态度和感知行为控制的预测力强，而主观规范的预测力弱。

　　在计划行为理论的核心模型中，行为态度、主观规范、感知行为控制是个体认知层面的核心要素。行为态度是个体对于某项行为或某种决策的总体评价，例如有价值－无价值、喜欢－厌恶等；它是人们对某些行为的预设立场，而根据期望－价值理论，积极的态度和动机更有利于行为的发生。主观规范是个体感知到的外在社会压力，如他人的期望；个体对于他人或社会的依从动机是主观规范发挥作用的内在机理。感知行为控制是个体认为完成某种行为的困难程度，是对内在和外在控制因素的总体反映（见图3.2）。

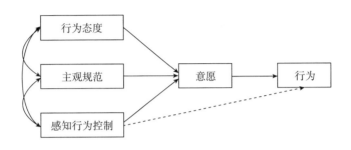

图3.2　Ajzen 的计划行为理论核心模型

资料来源：Ajzen I. The theory of planned behavior［J］. Organizational Behavior and Human Decision Processes, 1991, 50（2）: 179 － 211.

计划行为理论在提出后得到诸多实证研究的支持，被认为对行为具有相当的预测力（张锦和郑全全，2012）。同时，理论也遭受一定质疑，如 Payne 等（2002）通过元分析指出，主观规范与意向和行为的关系太小，从而对主观规范变量的存在意义产生质疑。此外，也有学者认为仅三个变量不足以解释个体的意向与行为，如 Rhodes 和 Courneya（2003）质疑模型没有考虑过去的行为对个体态度和决策的影响，因而模型中不可解释的因素并非全是随机误差，个别系统因素并未在模型中考虑。对此，Ajzen 强调行为态度、主观规范、感知行为控制对行为预测具有相对重要性，模型并未考虑全部预测变量，并且具体变量的预测强度也是因个体特征和决策情境的不同而存在差异，因而在实际运用中应当根据具体决策情境，选择最为适合的一两个预测变量（Ajzen & Fishbein, 2004）；而模型也得到持续改进，加入了对过去行为的考虑（Beck & Ajzen, 1991；Bagozzi & Kimmel, 1995）。

3.1.2　计划行为理论在创业领域的运用与发展

创业意愿和创业行为的研究一直是创业领域的重要研究主题。Bird（1988）

试图从认知的角度探索创业者意愿产生的源泉，在 Ajzen 和 Fishbein 的理性行为基础上提出了创业意愿模型，尝试解释创业意愿的本质（见图 3.3）。他从更为宏观的角度考虑了影响创业意愿的因素，包括环境因素和个人因素，各个因素的影响通过两个处理系统进行："冷处理"的分析式思维和"热处理"的直觉式思维，而这两类思维模式也是对理性行为理论中认知表象背后的信息处理模式的一种归纳。更为关键的一点是，Bird 在论述中强调了控制感在创业倾向产生过程中的重要性，以及创业学习在其中的重要意义，是对理性行为理论的发展。然而，Bird 构建的意愿模型既有外部因素也有内部因素，考虑的范围过于宏大，几乎可以涵盖所有的创业影响因素，缺乏对一些关键点的深入挖掘。例如，Bird 明确提出控制感对于创业者的重要意义，但并未就此深入研究，因而没能在理论构建方面做出卓越贡献；但其文章中关于控制感和创业学习的几点论述为后人的研究创业意愿提供了启发。

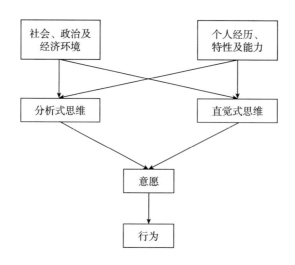

图 3.3 Bird 创业意愿模型

资料来源：Bird B. Implementing entrepreneurial ideas：The case for intention［J］. Academy of Management Review, 1988, 13（3）：442－453.

Boyd 和 Vozikis（1994）是受 Bird 启发而对控制感进行深入阐述的学者。借鉴和结合了 Bird 的创业意愿模型和 Ajzen 的计划行为理论，Boyd 和 Vozikis 将分析式思维和直觉式思维具象化，认为分析式思维与创业者的态度和感知密切相关，而直觉式思维则对应计划行为理论中的感知行为控制（见图3.4）。Ajzen（1987）指出，计划行为理论中的"感知行为控制"与 Bandure 提出的社会学习理论中的"自我效能"概念密切关联，Boyd 和 Vozikis 基于此直接利用自我效能表示个体对自我行为的控制力，并深入讨论了自我效能在创业意愿和行为中的重要作用。尽管没有将 Bird 提出的创业学习很好地融入模型之中，Boyd 和 Vozikis 模型将自我效能概念引入计划行为理论，并得到后续学者的一致认可。此后，创业者自我效能的研究越来越受到重视。

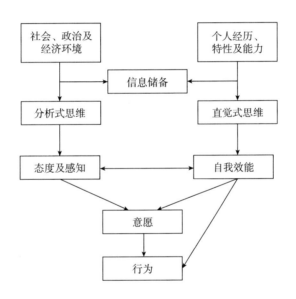

图3.4 Boyd 和 Vozikis 创业意愿模型

资料来源：Boyd N, Vozikis G. The influence of self‑efficacy on the development of entrepreneurial intentions and actions ［J］. Entrepreneurial Theory and Practice, 1994, Summer：63.

在上述学者研究的基础上，Krueger（1994，2000，2007）基于计划行为理论对创业意愿进行深入而持续的研究。在其最初的模型中也试图对计划行为理论的三个认知维度（行为态度、主观规范、感知行为控制）进行归纳，与 Bird 和 Boyd、Vozikis 模型不同的是，Krueger 并非从信息处理模式的角度进行归纳，而是结合了 Shapero（1975）对于企业家事件发生机制的解释，从创业者认知风格角度探索其从认知到意愿的过程，将行为态度、主观规范归纳为感知合意性（perceived desirability），而创业者的感知行为控制则归纳为感知可行性（perceived feasibility）（Krueger，1993）。感知合意性是创业者对待创业活动的整体态度，即潜在创业者是否认为投身创业活动、开发创业机会是很有前景的职业选择，对其是否有足够的吸引力；感知合意性也反映了潜在创业者对于创业的情感态度（Krueger，1993）。感知可行性是个体对自己是否有能力开发某个机会进行评判，两种认知方式共同促进了潜在创业者将创业作为"可信"的职业选择，在行为倾向和创业关键事件的促进下，创业的职业生涯"十分可信"的观点逐渐发展为创业者的意愿，意愿产生的过程就构成了 Krueger 早期基于计划行为理论的创业意愿模型（Krueger，1994）（见图3.5）。此模型从创业者感知的角度对创业认知进行归纳，较 Bird 的模型更具操作性，也更适合创业者研究的具体情境；主要不足在于，Krueger 并没有对"可信性""潜在可能""行为倾向""促进事件"等因素进行严格的区分，使创业意愿的产生过程并不清晰。

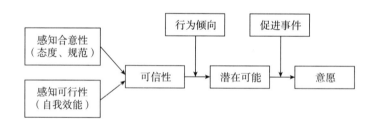

图3.5 Krueger 早期的创业意愿模型

资料来源：Krueger N F，Brazeal D V. Entrepreneurial potential and potential entrepreneurs ［J］. Entrepreneurship Theory and Practice，1994（18）：91.

鉴于早期模型中的不足，Krueger 在后续的深化研究中对模型做出了改进。首先，将模型中"可信性""潜在可能""行为倾向""促进事件"的概念进行整合（Krueger & Reilly，2000），避免出现因概念重合导致的意愿过程阐释不清的问题。其次，强调创业机会感知在创业行为产生中发挥重要作用，只有当潜在创业者感知到机会存在时，才有可能产生创业的意愿和行为（Krueger，2000）。最后，考虑了其他外界因素对整个"认知－意愿－行为"过程的影响，使模型更能完整地解释创业者所在环境与意愿的产生（Krueger，1998）。在改进的模型中，创业者认知方式受环境等外部因素的影响，其感知合意性和感知可行性对于创业者认识创业机会产生作用，以机会为基础，创业者逐渐产生创业意愿，并促使创业行为的开展（Krueger，2003）（见图3.6）。该模型受到学术界的广泛认可（Mueller & Shepherd，2014），被认为能够清晰、客观地对创业者意愿的产生机制进行描述和解释，也为后人的研究提供了借鉴。

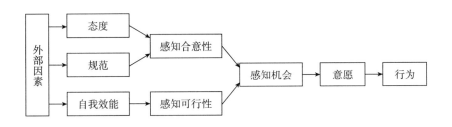

图 3.6 Krueger 的创业意愿模型

资料来源：Krueger N F. The cognitive psychology of entrepreneurship ［A］//Acs Z J, Audretsch D B. (eds). Handbook of Entrepreneurship Research ［C］. Springer US, 2003：105 – 140.

计划行为理论试图从个体认知出发，为个体意愿与行动的发生机制提供了良好的解释，创业领域的学者结合现有的研究，将计划行为理论用于对创业者意愿和行为的预测之中，并对理论进行优化和发展，建立起了"认知 – 意愿 – 行为"的决策模型，弥补了对创业认知研究不足的缺陷。创业者感知合意性与感知可行性认知模式的划分简化了创业者多样的认知过程，为研究提供了便利；感知可行性与 Bandura 社会学习理论中的自我效能概念相结合，增加了测量的可行性；同时模型考虑了外部因素的影响，在逻辑上更为完整，也为后来的学者提供了深入研究的方向；而在模型中对创业机会的引入和考虑，使模型更契合创业研究情境，具有测量上的可操作性。借鉴国外的研究，国内学者也试图用计划行为理论观察、验证创业者的意愿与行为产生路径（林嵩，2014；张爱丽，2010；简丹丹等，2010）。

然而计划行为理论也存在需要进一步完善的地方。在 Bird 对创业意愿和行为的论述中强调了创业学习的重要性，Boyd 和 Vozikis 也意识到信息在意愿产生过程中发挥一定作用，然而目前基于计划行为理论对创业意愿研究的模型中没有学者将认知过程与创业者知识获取的过程相联系，创业认知与创业学习的研究还处于分离状态。创业意愿的产生和创业行为的实施是一个复杂的过程，背后既有创业者认知产生影响，也有创业者学习发挥作用，也有可能存在其他影响机制，需要后续学者对模型进行进一步扩充和发展。

3.1.3 计划行为理论视角下的创业者认知变量

本章基于计划行为理论，探索创业者连续创业行为。对于结束创业的创业者，过去的经历改变着创业者的认知，丰富了创业者的知识，对创业者思维模式的改变有重要作用（Krueger，2007）。然而，不同的创业者在结束创业后也有着不同的表现，有的表现出强烈的再创业欲望，有的表现出对创业的抵触行为。借鉴计划行为理论对于创业意愿和创业行为的解释，创业者过去经验导致认知的差异是其行为差异的重要原因之一。

计划行为理论将创业者认知模式分为感知合意性和感知可行性。感知合意性反映了创业者的态度和情感（Krueger，1993），在 Krueger 的创业意愿模型中利用 Azjen 提出的感知态度和主观规范表示，利用"我喜欢创业""我热衷于创业"等题项测量。然而，态度并不是个单维变量，例如心理学家 Krech（1948）指出，态度是包含个体的动机过程、情感过程、知觉过程的持久组织；Myers（1993）认为态度包含情感、意向等多个方面。而在计划行为理论对创业意愿与行为的研究中，"感知态度"依旧缺乏具有操作意义的深入研究。本章意在探索创业者的再创业意愿，而对过去创业经验的反思和回顾是改变、重塑创业者态度的重要过程。其中，诸多经验教训是从对过去创业事件的归因过程中得出的，归因的部位（内部归因或外部归因）、稳定性、可控性（Weiner，1985）等差异本身也体现出了创业者对待创业的态度和认知（Askim‐Lovseth & Feinberg，2012；Kasouf et al.，2015）。更值得注意的是，创业者的归因过程本身存在认识偏差，例如，对成功的事件更倾向于内部归因，对于失败的事件倾向于外部归因，即自利性归因偏差；而有的创业者则恰好做出反向归因倾向，即反自利性归因偏差（Baron，1998）。对于归因的偏差是创业者对过去创业经历的态度和总结（Grégoire et al.，2015），能够反映经历创业之后对创业活动的倾向程度，因而属于创业者感知态度范畴内的可测量变量。

除了态度变量，情感变量也是创业者感知合意性以及创业者认知的重要因素。诸多学者对于创业者情感进行深入研究，认为情感很大程度上能够决定创业者后续行为（Baron et al.，2012；Foo et al.，2009；Baron & Tang，2011），尤其是情感的投入程度与创业活动的持续行为有着紧密联系（Cardon et al.，2012；Baron，2008）。现有研究将组织成员的情感承诺概念引入创业领域，提出创业者的"情感承诺"的概念，被认为是衡量创业者情感投入和涉入程度的重要变量（Erikson，2002），在创业中表现出较高情感承诺的个体通常对创业活动表现出更强烈的热情，属于感知合意性的情感维度变量。

Ajzen（1987）指出，感知行为控制与 Bandura 提出的自我效能概念相关联，因而在 Krueger 的模型中利用自我效能测量创业者感知可行性。随着研究的深入，"创业自我效能"概念被认为比"一般自我效能"更有效地反映创业者对企业的控制感（Baum & Locke，2004；Baum et al.，2001；Tumasjan & Braun，2012；Gibbs，2009），因而被广泛用于创业者的研究中。本章利用创业自我效能变量探索创业者的感知可行性。

综上所述，本章以计划行为理论为基础，从创业者感知合意性和感知可行性的认知风格角度，选取对创业者连续创业决策可能具有潜在影响的三个变量，拟对以"自我归因偏差""情感承诺"为代表的感知合意性认知方式以及以"创业自我效能"为代表的感知可行性认知方式与创业者后续行为的关系进行研究。

3.1.4 对计划行为理论的补充

如前文所述，Bird 在其创业意愿模型的论证过程中提到创业学习在"从认知到意愿"的过程中具有重要作用，然而 Bird 并没有在模型中体现创业学习过程。借鉴 Bird 的理论，Boyd 和 Vozikis 有意识地提到创业意愿过程中的信息储备过程，却主要从影响认知的信念角度进行论证，认为创业者本身的知识储存是创业者所持的信念，对创业者的思维模式产生影响，并未考虑信息或知识的获取、转化过程。事实上，创业机会具有一定的知识属性，正是因为知识的存在使机会能够在市场活动中被识别出来（McMullen et al.，2007）。Alvarez 等（2013）、Acs 等（2013）指出，异质性的知识导致创业者能够发现他人觉察不了的机会，

Shane（2000）也证实了创业知识的差异是机会发现的重要原因之一。因此，创业者通过认知识别创业机会并做出决策时，其背后的机理包括创业者知识的变化，而计划行为理论并未对此进行深入探析。

创业者的过去经验对创业认知产生了影响，而根据认知主义学习理论，学习是一个主观的、能动的过程，认知是影响个体学习的重要因素，如 Rae 和 Carswell（2001）描绘了创业者自信驱动创业学习的过程；Lumpkin 和 Lichtenstein（2005）强调认知图示对于创业学习的重要性。认知与学习在创业者机会决策中并不是矛盾的存在，而是可以结合的有机体。因而，在机会开发决策的框架下，建立创业认知与创业学习之间的关系，是对计划行为理论的完善和发展。

3.2　基于计划行为理论的研究变量

本章旨在探索连续创业的决策行为，为构建、研究决策模型，在对文献的述评和对理论的回顾基础之上，将与创业认知、经验学习、创业机会开发相关的概念进行清晰界定。

3.2.1　创业认知相关变量

根据计划行为理论中的创业意愿模型，创业者根据对创业机会的感知合意性、感知可行性产生行为倾向。创业自我效能恰当反映了感知可行性，而对过去事件的自我归因偏差和情感承诺则反映了对待创业活动的感知合意性。

3.2.1.1　创业自我效能

创业自我效能的概念来自社会认知理论中"自我效能"概念，后者于 20 世纪中后期由美国心理学家 Bandura 提出，指个体对自己是否能够完成某种行为的预计，即个体对自己掌控特定行为或事件的信心（Bandura，1997）。自我效能的概念并非强调个体对某些行为的实际掌控力，而是强调个体对自身能力的自我评价。个体自我效能对其自身行为有重要影响，决定了其努力程度和投入的多少，进而影响事件的结果，而事件的结果也会进一步影响个体的自我效能（Gist &

Mitchell, 1992），因而自我效能是一个随着事件的积累不断发展变化的过程。

认知理论认为，相对于一般自我效能而言，与特定任务相关的自我效能在特定行为中具有更好的预测作用（Bandura, 1977）。结合创业活动的具体情境，创业领域的学者提出了"创业自我效能"的概念（Chen et al., 1998）。Forbes（2005）指出创业自我效能指创业者相信其有能力完成创业相关的任务并取得较好的结果。Boyd 和 Vozikis（1994）提出类似的概念：创业者相信自己能够胜任创业者角色，完成各项创业活动、任务。Baum 和 Locke（2004）从结果角度分析，认为创业自我效能是创业者相信自己能够提高新创企业绩效。总之，创业自我效能的概念专门研究创业者对于创业活动的自我效能，强调创业者评价自己对创业任务完成或创业绩效提升的控制力。创业自我效能对创业者行为，尤其是创业者的感知力和决策具有重要影响（Krueger & Dickson, 1994）。本章借鉴前人成果，将创业自我效能定义为"创业者对自己能够克服创业中的困难、完成各项创业活动并取得良好创业绩效的自我评估"。

3.2.1.2 自利性归因偏差

美国社会心理学家 Heider（1958）最早提出归因理论，指出归因即人们对于过去事件的推论或知觉，并将个体的归因分为内部归因（如情绪、态度、努力程度等）和外部归因（如天气、情境、外界压力等）。Weiner（1985）在此基础上对个体归因的维度做进一步划分，指出个体归因可以总结为三个维度：内外部位、稳定性、可控性，具体归因维度受个体经历和特质的影响，然而归因也对后续行为中的期望、努力程度产生影响，从而影响未来行动的结果。因而可以认为，归因是人们对于行为的态度，受过去行为影响，同时改变着个体在后续行为中的表现。

随着对归因研究的积累，学者们发现从总体上来看，人们倾向于将过去成功的因素归结为自身，而将过去的失败归结于他人、环境等外部因素，Miller 和 Ross（1975）将这个偏差定义为自利性归因偏差。人们通过这种归因的偏差实现一种自我保护，避免过于受现实打击（Allport, 1937）。研究表明，自利性归因偏差的驱动力有两个：一个是个体的自我增强动机，另一个是形象提升动机。前者指个体通过自利性归因偏差，维持自我价值感，寻求积极的自我认识，避免因过于内疚导致的自我贬低（Mantere et al., 2013）；后者指个体的自利性归因偏差有利于维持个体在他人中的形象和评价，不至于因失败而造成公众形象的减损（Bradley，1978）。

综上所述，借鉴社会心理学研究中的自利性归因偏差的定义，本章指创业者将成功的创业事件归因于自身，将失败的创业事件归因于他人或外在环境因素的偏差程度。

3.2.1.3 情感承诺

情感承诺最初源于组织承诺的研究。"组织承诺"的概念早在20世纪中被提出，指组织中的员工对组织的情感、时间、精力等的单方面投入越多，越不想离开组织的一种现象（Becker，1960），有的学者将其解释为对组织的认同和涉入程度（Mowday et al.，1982）。

最初对于组织承诺的认识停留在单维层面。对于组织典型的单维解释有：Buchanan（1974）对组织承诺的论述侧重于员工感情上的依赖，如员工因担心福利的失去或过去投入的资源浪费，或是对组织的强烈认同而依赖于组织。Weiner（1985）的论证更强调员工的责任感，认为员工因认同组织中的规范而对组织担负强烈的责任并且不肯离开。可见上述学者认同组织承诺中员工体现出"不愿离开组织"的心理状态，但因对承诺原因的解释角度不同而在概念上产生差异，Buchanan 侧重从员工情感上进行解释，Weiner 侧重从员工认同的规范方面进行解释。

随着研究的深入，学者开始试图在一个概念框架下整合不同学者的观点。Allen 和 Meyer（1990）将 Buchanan 提出的情感依赖概念归为组织承诺的"情感承诺"维度；将 Becker 提出的关于"员工不愿离开组织"的概念归为组织承诺的"持续承诺"维度；将 Weiner 提出的对规范的遵从和责任意识归为组织承诺的"规范承诺"，并提出对于三个维度的组织承诺测量的量表（Allen & Meyer，1997）。情感承诺、持续承诺和规范承诺三个维度的划分是目前对于组织承诺研究中最为广泛认同的维度划分方式，得到了大量实证研究的验证。尽管后续学者在此基础上提出存在其他形式的承诺，如行为承诺、成本承诺、选择承诺等，但存在较多争议，也未得到一致认可。即便得到公认的情感承诺、持续承诺和规范承诺的划分也存在一些缺陷，如三个维度之间有一定重合，相关度较高，因而在实际研究中，部分学者根据研究情境和内容的侧重选择较为关键的 1~2 个维度进行研究。

借鉴组织承诺的研究，在创业领域中，创业者对企业的承诺也逐渐受到学术界重视，创业承诺的概念逐渐产生。现有对创业承诺的阐述可分为两个角度：过程角度和状态角度。从创业过程角度，Kupferberg（1998）将组织承诺引入创业领域，认为创业承诺是一个开放、创新和实验性的过程；Bruyat（2001）深化了创业承诺的概念，认为创业承诺是创业者随着新企业的创建过程而做出的一系列行动、决策。两位学者强调了创业承诺的动态性，即认为创业承诺是伴随创业进程而不断更新的。Fayolle 等（2010）则指出，创业承诺是创业者在创业过程中投入大量时间、资金、精力、情感、关系等资源。从创业状态角度，Tang（2008）指出创业承诺是创业者认同并投入创业活动的状态，Sorensen 和 Phillips（2011）则强调了创业者对自己角色的认同和承诺。

借鉴组织承诺维度的划分，创业承诺也被认为存在情感承诺、持续承诺和规范承诺，分别意味着创业者"为实现创业目标而投入的情感程度"（Erikson，2002）、"面对困难时继续维持企业的意愿程度"（Ulrich，1998）、"感受到创业责任而付出努力的程度"（Tang，2008）。创业者与企业员工相比最大的不同在于，创业者对于自己创办的企业往往投入更多的情感，而在经历成功或失败后会产生情感的变化，从而影响后续行为（Foo，2011；Welpe et al.，2012），因而，创业者的情感承诺是各个维度中最受关注的维度，甚至部分学者强调创业承诺主要就是创业者对创业活动的情感投入状态（陈建安等，2014）。本章借鉴 Erikson（2002）在创业承诺的研究中提出的情感承诺定义，认为情感承诺是创业者为实现创业目标而付出的情感投入。

3.2.2 经验学习相关变量

通过文献梳理，创业学习包含了经验学习、认知学习、社会学习等方式，本章意在探索在过去创业经历中的认知对连续创业决策的影响，在这样的情境下，从创业经验中引发的创业者活动是本章关注的重点，因而本章主要关注创业学习中的经验学习。

简要而言，经验学习就是根据过去经验进行学习（Kolb，2001，2005）。经验学习的提出与行为主义学习相对立，后者看不到学习中的意识和主观经验的作用，而经验学习则是将经验、感知、认知、行为相统一。经验学习的研究在心理学和哲学层面形成了经典的研究成果，最广为认可的模型为 Kolb 建立的经验学习循环模型，其中经验学习被划分为具体体验、反思观察、抽象概括、行动应用四个过程。更重要地，Kolb 对四个过程背后的机理进行分析，揭示了经验学习"黑箱"中的关键要素。从个体看待世界的方式上讲，一种是使经验深入内心并进行描述的领悟过程，另一种是通过具体体验感觉经验的感知过程，这两个过程为个体从外界的"获取"。从对经验的转化方式上，一种是内涵缩小的内部反思过程，另一种是操纵外部世界的外延扩大过程，这两个过程为个体对已有知识和信息的"转化"。经验学习的目的是获取知识，经验学习的过程就是在知识获取和知识转化中实现的，因此知识获取、知识转化是 Kolb 模型中的两个核心概念，从知识的角度解释了经验学习的过程和机理。Corbett（2007）将 Kolb 的经验学习理论引入创业领域的研究中，分别从知识获取、知识转化的角度论证创业者经验学习过程，强调了知识在创业学习以及后续的机会识别活动中的重要性。因此根据经验学习相关理论与文献，知识获取与知识转化是经验学习的核心过程。

对于个体层面的知识获取，Buchanan 等（1983）提出，知识获取是个体从特定的知识来源那里获取能够解决问题的知识的过程；Argote（2012）指出，知识获取是知识被新的主体占用的过程；Ray（2008）认为知识获取就是个体搜寻、识别、获取外部知识的过程。在本质上，上述学者对知识获取概念的认识并没有差异，即知识获取就是个体从某一知识来源搜寻、识别、获取知识的过程。Kolb（2014）在其经验学习理论中指出，知识获取是个体通过经验获取新知识的过程，强调了经验作为知识源的重要性。本章借鉴 Kolb 的理论及前人对于知识获取的论证，将知识获取定义为：创业者在过去创业经验中搜寻、识别、获取知识的过程。

对于个体层面的知识转化，相关学者进行了更为深入的探讨。一部分学者从知识的显性、隐性的视角探索知识的转化过程，最具代表性的研究为 Nonaka 和 Takeuchi（1995）提出的个体知识转化模型，通过个体对于显性知识、隐性知识之间转化的两个维度将知识转化分为共同化、表出化、内在化、联结化过程的循环，如图3.7所示。也有学者将知识转化过程简化为个体隐性知识与显性知识的互动过程（Venkitachalam & Busch，2012）。另一部分学者从个体知识体系的角度，认为知识转化过程就是将知识消化、整合为自身知识体系的一部分（Cohen & Levinthal，1990）。创业者从经验中学习并在未来行动中运用知识，更侧重于隐性知识的转化和利用，较少涉及隐性知识与显性知识转化的问题，因而本章借鉴第二种定义，将知识转化定义为创业者将新知识、新经验融合到现有知识体系中的过程。

	隐性知识	显性知识
隐性知识	共同化	表出化
显性知识	内在化	联结化

图 3.7　Nonaka 和 Takeuchi 知识转化的过程模型

资料来源：Nonaka I，Takeuchi H. The knowledge – creating company：How Japanese companies create the dynamics of innovation ［M］. New York：Oxford University Press，1995.

3.2.3　创业机会开发

创业机会是创业活动的核心要素，从机会视角而言，创业是识别、评估和开发创业机会的过程（Shane & Venkataraman，2000），而创业决策就是创业机会开发的决策（Choi & Shepherd，2004；唐靖等，2007）。杜晶晶等（2014）利用扎根理论对较高影响力期刊上的 151 篇相关文献进行分析提出，创业机会开发是创业者在现有信息、资源、能力的基础上权衡，做出开发时机、方式的判断。现有研究对机会开发持有较为一致的观点，Eckhardt 和 Shane（2003）认为是创业者将感知的新信息、新方法转变为"目标 - 结果"的过程；Ardichvili 等（2003）认为是将潜在的机会变为企业的持续、动态的过程；Choi 和 Shepherd（2004）认为是投入全部资源，对商业机会做出有效、全面的运营过程；McMullen 和 Shepherd（2006）指出在不确定的环境下通过对机会的行为和决策获得盈利的过程。综上可见，不同学者对机会开发的定义在本质上是一致的，都强调了机会开发是创业者对潜在机会的投入并获得相应产出的过程。因而，借鉴前人研究成果，本章所指的创业机会开发指创业者向潜在机会投入资源，从而实现机会的运营和价值创造的过程。

3.3 创业认知、经验学习与机会开发模型的构建

本章以计划行为理论为基础，旨在探索创业者连续创业决策行为。根据计划行为理论，创业者在过去经验中形成的创业认知影响创业者连续创业倾向和行为，然而，从认知主义学习理论的角度，创业认知是创业者学习的重要影响因素，认知程度不同，创业者的知识获取和知识转化程度会出现差异，而知识是影响创业者识别创业机会、做出创业决策的重要变量。因而，本章拟建立创业认知与创业者经验学习的关系，利用创业自我效能反映创业者感知可行性，利用自利性归因偏差和情感承诺反映创业者的感知合意性，建立创业者认知与连续创业决策的模型，并从创业者经验学习的视角更进一步挖掘创业者认知与决策之间的作用机理。在清楚地界定各变量概念的基础上，本章构建了"创业认知－经验学习－创业机会开发"模型，如图 3.8 所示。

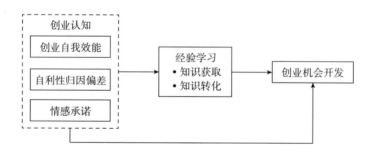

图 3.8 "创业认知－经验学习－创业机会开发"模型

3.4 本章小结

根据计划行为理论，创业认知是影响创业者意愿和行为的重要前置因素；根

据机会的知识属性，创业者的异质性知识能够积极促进机会开发行为。因而，建立创业认知与创业学习之间的联系有利于探寻创业机会开发行为的内在机理。在对理论进行分析和对变量进行清晰定义的基础上，本章建立了"创业认知－经验学习－创业机会开发"模型，为后续章节的研究提供基础。

4 创业认知、经验学习与机会开发模型的研究假设

第3章构建了"创业认知 – 经验学习 – 创业机会开发"模型,在此基础上,本章依据相关研究提出模型中各个变量之间相互关系的具体理论假设,包括:创业认知对机会开发行为的影响,经验学习对机会开发行为的影响,创业认知对经验学习的影响,以及创业学习中介作用的假设。

4.1 创业认知对创业机会开发行为的影响

4.1.1 创业自我效能对创业机会开发行为的影响

情境因素和个人因素是影响创业者决策的两大重要因素(Chen et al.,1998)。在连续创业的情境下,创业者过去的创业经历不仅为创业者提供了决策所用的知识,也同时改变着对创业活动的认知。创业认知被认为是创业决策内在机理和逻辑的重要影响因素(杨俊,2014),能够帮助创业者发挥优势,改进现状。创业者过去的创业经验克服了新进入者缺陷的问题,基于经验基础上的认知更为恒定和深刻,因而对创业者的驱动作用更为深远。

自我效能是社会认知理论的关键要素(Bandura,1977),它与人的动机以及获得成就的期望紧密联系(Zimmerman,2000)。自我效能可以降低压力感、焦

虑感和失望情绪（Bandura，1977；Zimmerman，2000），同时调动个体的自我动机、认知资源和行动能力（Wood & Bandura，1989），在面对困难时采取积极的应对措施，充分利用和挖掘资源（Bandura，1986），从而提高个体的坚持动机（Cardon & Kirk，2015），并获得更好的表现（Schwarzer，2014）。在创业研究中，创业自我效能发挥着极为关键的作用（De Noble et al.，1999）。对于有过创业成功或失败经历的创业者，他们势必比初次创业者经历更多的情绪变化，在终止创业与再次创业的过程中对创业过程有更为深入的感知，而在应对成功、转型或失败等变迁时，创业自我效能的内在驱动作用对创业者的后续决策更为重要。

首先，在创业目标方面，高创业自我效能的创业者倾向于为自己设定更具挑战性的目标，并表现出对目标的强烈承诺（Boyd & Vozikis，1994）。即便对于过去成功的创业者，高创业自我效能也使其不满于现状，不断提高其设定的目标，因而更倾向于在成功创业的基础上进一步开发创业机会，运用自己成功的创业体验指导新一轮的创业活动，以求获取更高的绩效（Wood & Bandura，1989）。相比较而言，具有失败创业经历的创业者无法运用经验优势，但高创业自我效能能够促进创业者为达成目标而不断努力，做到迅速从失败的悲伤中恢复（Shepherd et al.，2009），进而呈现更为乐观、积极的状态（Tumasjan & Braun，2012），避免陷入因失败导致的习得性无助的心理状态。因此，高创业自我效能的创业者更倾向于做出进一步开发创业机会的决策，并相信自己通过机会开发实现更高的创业目标。

其次，在创业意愿方面，Segal 等（2005）、Lee 等（2011）、Zhao 等（2005）、Kickul 等（2009）通过实证研究证实了创业自我效能是直接或间接促进创业意愿的决定性因素，并且只有当创业者拥有较高创业自我效能时，创业意愿才会转化为对机会开发的行为（Boyd & Vozikis，1994）。Sequeira 等（2007）证实了创业意愿在创业自我效能与创业行为之间的中介作用。创业自我效能能够促进创业意愿的持续保持，从而在复杂的机会开发中获得耐性和坚持的精神。从长远来看，拥有高度创业自我效能的创业者能够持续地付出更多的努力，坚持克服困难，不断制订完成目标的新计划和新战略（Shane et al.，2003）。因此，创业自我效能有利于保持创业意愿，有利于创业者坚持创业（Cardon & Kirk，2015），促进其不断进行机会开发。

最后，在机会识别方面，越强的创业自我效能，越能够保持创业者的警觉性，从而识别更多的创业机会（Ozgen & Baron, 2007），其中的主要原因在于，创业自我效能为创业者提供信心，而自信的人在社会交往中更受欢迎（Baron, 2006），从而拥有更广阔的社会网络，通过社会网络获取的关于创业机会的信息也比他人多，因而在机会识别方面更有优势；同时，创业自我效能意味着创业者拥有更高度的自信，相信自己能够更好地把握机遇，从而在机会搜寻上比他人更积极（Gaglio & Katz, 2001）。此外，创业自我效能能够克服与机会相关的风险感知（Markman et al., 2005），增强对机会可行性的感知和获取积极成效的期望（Krueger et al., 2000；Gibb, 2009），并促使创业者在机会开发过程中更注意规避风险、克服潜在威胁（Krueger & Dickson, 1993）。因此，拥有高创业自我效能时将环境视为机会的集合（Chen et al., 1998），根据过去的创业经历和知识积极搜寻新的机会，认为自己能够克服机会开发中的困难，降低了对过去创业中风险和威胁的感知，从而表现为在机会开发中的高度积极性。

根据上述分析，从社会认知理论的视角，创业自我效能积极影响创业机会开发。然而从更深一层次的认知心理学角度，决策过程往往伴随一定程度的偏差，尤其对于拥有有限理性的创业者进行机会开发决策而言，在面对情绪波动、信息和时间限制以及复杂环境的情况下，其决策过程更容易产生心理偏差甚至认知错误。在这方面，启发式认知提供了更好的解释。启发式认知对机会的开发决策的影响极其重要（Farsi et al., 2012），并且与初次创业者相比，连续创业者的行为中体现出更强的启发式认知（Barsky, 2010）。根据启发式认知中的可获性启发，人们倾向于根据事件的可获性做出决策，越容易获取某事件的相关信息，则该事件的概率越容易被高估，对一个事件的刻意想象可以增强其可获性（Pinto, 2014）；但是当人们预期事件结果极为不理想时，对事件的想象不能提高对于可能性的预期（Hagan et al., 2006）。创业自我效能能够提高创业者的信心，给予创业者对于未来创业结果的良好预期，认为自己在下一次机会开发中取得良好的结果；同时高创业自我效能的创业者能保持高度警觉性，持续关注、获取与创业机会相关的知识和信息，扩大自己先前创业经验的价值和作用，高估新机会开发的效价，低估机会开发中潜在的威胁，这种思维意味着创业者利用可获性启发进行决策。此外，创业自我效能越高，创业者过度自信的可能性越大（Forbes,

2005；Busenitz & Barney，1994），而过度自信被证实能够促进创业者降低对风险的感知，主动寻求并开发创业机会（Carolis & Saparito，2006）。创业者的过度自信使其能够高估自己原有的创业经验和知识，在已有成就的基础上更倾向于开拓新事业、开发新机会（赵文红和孙卫，2012）。

因此，无论从社会认知理论还是启发式认知的角度，创业自我效能可以促进创业者进一步开发创业机会，抑制了创业中止和创业放弃，为克服困难提供支持。

假设1：创业者在过去创业中形成的创业自我效能促进创业机会开发行为。

4.1.2　自利性归因偏差对创业机会开发的影响

Gartner（2004）指出，归因理论是解释创业者经历失败后是否坚持创业的重要心理学理论，个人在归因风格上的差异与创业坚持及再次创业决策相关。随着创业过程的推移，创业者面对高度不确定性、时间压力等因素时，对成功或失败结果的认知往往因主观因素导致偏差，使创业者比普通人表现出更强的自利性归因偏差倾向（Forbes，2005；Baron，1998）。自利性归因偏差既有创业者自身特质等原发性因素的影响（Gibb，2003），也受先前经验、已有知识、情绪状况等继发性因素的作用，能够改变创业者的态度，并在创业者的决策和行为中体现出来（赵文红和孙卫，2012）。

自利性归因偏差体现为明显的归因倾向：将积极的创业结果归因于创业者自身因素（如能力、努力），将消极的创业结果归因于创业者之外的因素（如他人、情境）。对于多数非初次创业者而言，过去的创业经历是创业事件的集合，其中既有积极的事件，如成功的融资、良好的战略联盟组建，又有消极事件，如顾客认可度的下降、员工冲突等。由于个体的归因具有一致性的特点，即个体的归因呈现稳定的差异（Peterson & Villanova，1988），自利性归因偏差对创业者行为的影响可以从创业者对待积极事件和消极事件两方面的归因态度来观察和测量。

首先，对积极事件的内部归因促进创业者进行机会识别。高自利性归因偏差夸大了努力、能力等因素对事件结果的决定性作用，呈现出"努力就有回报""能力带来成功"等高自尊适应机制的路径（Askim‑Lovseth & Feinberg，2012），这种认知模式影响创业者对机会的感知。第一，积极结果的内部归因体现出较高的自我增强动机，提高创业者自我驱动力和个人价值，对创业者产生较强的激励（Weissbein et al.，2011），在后续行为中，创业者为再次获得积极的创业结果，不断付出努力、提高能力。第二，从自我表现角度，对积极结果的内部归因使创业者获得"成功"等正面的公共形象，为了该形象的继续维持并提高他人对自己的正面认识，从而提升个人自尊，创业者需要持续地付出努力以不断获取成功（Bradley，1978），外在表现为创业者具有较高的成就需求。高努力程度、高成就需求的创业者倾向于对创业信息高度关注、搜集创业资源、反思和运用创业知识，从而更容易获得关于机会的异质性信息，以利于创业机会识别过程。

其次，对于积极结果的内部归因也能够直接促进创业者开发机会的决策。归因于市场条件、良好机遇等外在环境时，创业者通常会等候下一个"绝佳机会"的到来，而理想的机会可遇不可求，多数创业者不会再次创业（Chattopadhyay，2007）。但是，归因于自身因素，能够体现出高度自我增强动机和自我表现动机，在创业者机会识别能力提升的基础上，创业者不断做出开发机会的决策，进而证明自身能力、维持成功的公众形象也具有积极的促进作用。

再次，消极结果的外部归因有利于创业者增强对机会的感知。根据自辩理论，创业者对消极结果的外部归因是一种自我保护机制：创业者将失败进行外部归因是为了避免承认先前决策错误而引起内心痛苦，即创业者对决策错误的自我辩解。越强的外部归因显示了越强的自辩动机，创业者在后续行为中保持较高的创业警觉性，不断搜集资源和信息，以证明自己的决策是正确的。从情绪反应方面，消极的创业结果带来消极情绪，阻碍创业者的后续创业行为（Foo et al.，2009）。Askim – Lovseth 和 Feinberg（2012）指出，对消极结果的外部归因是创业者提高自尊、降低消极情绪的过程。将失败归因于环境或他人，减轻了创业者的内疚、自责或后悔情绪，有利于创业者从消极情绪中恢复（Shepherd，2009），在失败基础上进行机会搜寻。另外，根据机会创造观，创业机会与创业者对外界环境的感知紧密相关，从环境、情境等因素重新考虑创业过程有利于创业者改变对环境的认知，为创造型机会识别奠定基础。

最后，对消极事件的外部归因能够直接促进创业者行为。对消极结果归因的相关研究表明，外部归因有利于创业者再次创业，而内部归因有利于创业者在后续创业中取得良好绩效（Yamakawa et al.，2015）。将消极结果归因于市场规模、竞争对手等外部因素，创业者通常会再次做出努力和尝试，认为有能力通过学习避免下次的失败。而当创业者将失败归结于自身稳定性因素时，创业者认为自己缺乏创业能力，不适合创业，即便能够识别创业机会，也不能吸引他们再次创业（Cardon et al.，2005），进而陷入"习得性无助"的陷阱（Askim‑Lovseth & Feinberg，2012），做出放弃创业的决定。从情绪上看，创业失败带来的后悔、沮丧情绪由外部归因得以缓解，降低"情绪成本"，有利于创业者坚持创业（Shepherd et al.，2009）。更有甚者，外部归因强化了创业者自我辩解，认为自身并无过错，希望能通过再创业的成功证明自己选择的正确，出现承诺升级现象，面对多次失败仍倾向于在未来继续开发新的创业机会，以实现自己的目标。

综上所述，作为一种认知模式，高度自利性归因偏差显示了创业者较强的内部控制倾向，即认为成功的创业结果受自身因素影响较大，自己的能力和努力对创业结果有着至关重要的作用；在面对困难时帮助创业者从失败的阴影中走出，减少自卑、后悔情绪。无论是对积极结果的内部归因还是对消极结果的外部归因，自利性归因偏差能够促进创业者自我驱动，维持高度自尊和价值感，寻求积极的自我认定，避免再次陷入消极结果之中；强化了对于积极结果的自身作用，弱化了在消极事件中的责任，更容易使创业者出现高自我驱动和承诺升级的现象（杨俊，2014），因而在后续行为中表现出积极的机会搜寻行为，并伴随强烈的机会开发倾向以及机会开发行为。

假设2：创业者对过去创业事件归因的自利性归因偏差促进创业机会开发行为。

4.1.3　情感承诺对创业机会开发行为的影响

创业者的决策过程并非以完全理性为基础，在面对不确定性时，情感对决策者的影响更为直接和重大（Dohle et al.，2010），即出现情感启发式的思维和决策模式。对于创业者而言，创业过程是一个富有情感的过程，创业者对于自己创办的企业通常具有一种联结感和认同感（Cardon et al.，2005），因而创业者的情感承诺水平与普通管理者存在显著差异（Cardon et al.，2012）。高度情感承诺体现为认同和投入的状态，这种情感状态对创业者的思维、判断、决策方式有重要的影响（Baron，1998）。根据 Finucane 等（2000）情感启发式模型，过去创业过程中拥有较高情感承诺的创业者，对创业活动具有依赖性，而使在主观方面倾向于低估风险、高估收益，从而更乐于开发创业机会。因而，情感承诺对创业者坚定信念、积极开发机会具有促进作用。

首先，情感承诺本质上是对创业过程的情感认同与投入（陈建安等，2014）。创业过程不同于一般管理过程，创业者在其中具有很高的自主性，也需要面对复杂多变的环境。越是能够在其中投入情感，越是倾向于认同自身的努力过程和创业者角色（Tang，2008）；越是强烈的情感承诺，越是对工作的过程体现出较高的满意度（Bateman & Strasser，1984；Vandenberg & Lance，1992），认同自身的创业者角色。研究表明，角色认同是创业者坚持创业并取得良好绩效的前置因素（Hoang & Gimeno，2010），能够帮助创业者形成特定的创业思维，在一次次成功与失败的经验中实现由初次创业者向连续创业者的转化（Krueger，2007）。在这个过程中，情感承诺能够保持创业者积极、兴奋的情绪状态（Sharma & Irving，2005），提高创业激情（Cardon et al.，2005），这些情绪能够促进创业者识别、评估机会，选择合适的机会进行机会开发（Welpe et al.，2012）。因而，情感承诺为创业者提供了高度的角色认同，并提供了创业者的积极情绪，促进创业者产生开发创业机会行为和倾向。

其次，创业情感承诺加强创业者的目标导向。创业过程是一个目标实现的过程和不断奋斗的过程，强烈的情感承诺表现为创业者对创业目标的实现拥有强烈的信念，为创业者提供了为目标而奋斗的动力（Colquitt et al.，2013），并为之不断努力（Tang，2008）。即便在过去创业中已经实现了目标，当创业结束后，创业者不甘于现状，往往能够迅速锁定新的目标，在实现目标的过程中获得了自我实现和满足，通过多次的创业行为加强自我价值感。因而，高度情感承诺有益于创业者不断树立新的创业目标并为之努力奋斗。

最后，情感承诺有利于创业者克服失败阴影。高情感承诺的创业者面对困难时能够控制创业中的消极情绪（Cardon et al.，2005），从而提供持久的创业耐力（Sorense & Phillips，2011）。当遇到业绩下降等情况，高情感承诺的创业者更能够继续坚持创业，而不是选择退出（陈建安等，2014）。在面对创业失败时，情感承诺的维持是克服失败、重新创业的情感条件。Shepherd 等（2009）论证了创业者情感承诺的重塑是从失败中恢复的体现，有利于创业绩效的提升。大量研究表明，创业者在失败后容易出现"承诺升级"现象，即创业失败发生后仍不断投入资源和精力，连续多次创业。根据自我辩护理论的解释，之所以出现承诺升级现象是因为创业者希望通过持续的投入获得成功，最终证明自己最初的决策是正确的。而 Wong 等（2006）发现，情感是决定承诺升级出现的重要因素。在过去创业经历中拥有高度情感承诺的创业者，在创业失败后不愿意割舍过去的投资和创业经历，并且过去的情感投入没有得到满足使创业者希望能够在后续创业中弥补失败带来的消极影响，因而更倾向于体现出连续创业行为。McCarthy 等（1993）证实了涉入度高的创业者更容易做出承诺升级的再创业决策。因而，情感承诺有利于创业失败后的坚持，也是创业者出现承诺升级而选择开发创业机会的促进因素。

假设 3：创业者对过去创业活动的情感承诺促进创业机会开发行为。

4.2 经验学习对创业机会开发行为的影响

创业过程本质上是获取、转化创业知识，并以此为基础做出决策并完成创业任务的过程（Minniti & Bygrave，2001；杨俊，2014）。因此，创业学习对创业的各项活动具有重要影响。机会视角的创业学习研究认为，资源获取、机会开发是创业学习的主要目的，而经验学习是实现机会开发目标的途径之一。

通过经验学习，创业者的知识获取、知识转化使其获得能够识别创业机会的异质性知识，从而识别出他人不能识别的潜在创业机会（Corbett，2007）；同时，经验学习是在过去创业经历中的"干中学"过程，其间获取的创业资源也是促进创业者机会识别的因素（Lumpkin & Lichenstein，2005）。因而，深度经验学习的创业者更有可能获取具有潜力的机会，机会开发的可能性高于初次创业者。

经验学习也能直接影响创业者决策行为。Holcomb 等（2009）指出，创业者通过经验学习获得知识的积累，为创业者后续决策提供基础；而经验学习到决策的过程受易得性启发式思维的控制，即越容易获得的信息越被最先考虑和利用。

深入的经验学习使创业者对创业机会所在的领域更为熟悉，也更容易被获取，从而创业者倾向于利用这些信息做出开发相关领域机会的决策。Ravasi 和 Turati（2005）也认为，创业者自我加强式学习循环能够促使创业者不断投入资源开发机会，从而陷入知识增长与创业涉入度增加的循环中。从认知角度看，创业者的学习活动提高了创业者信心和动机，为自己设定更高的目标（Rae & Carswell，2001），因而在结束创业后也倾向于继续创业，以实现新目标。

综上所述，创业者通过经验学习而获取的知识是识别新机会的基础，为创业者的再创业提供更多选择，因而知识获取促进创业机会开发行为；而越多的经验学习，越容易陷入易得性启发式思维，并为自己设定更高的目标，通过将知识转化为内含于自身的隐性知识提升自我的创业能力，从而越倾向于通过开发新的创业机会而实现自我提升，因而知识转化促进创业机会开发行为。

假设 4：创业者的经验学习促进创业机会开发行为。

假设 4a：创业者的知识获取促进创业机会开发行为。

假设 4b：创业者的知识转化促进创业机会开发行为。

4.3 创业认知对经验学习的影响

4.3.1 创业自我效能对经验学习的影响

自我效能被视为行为的动因（Bandura，1997）。心理学家对学习行为进行研究时发现，自我效能引发积极的学习活动，并可以预测学习的成效和努力程度（Zimmerman，2000）。自我效能高的个体或群体在面对学习困难时有更佳的表现，如更强的学习动机、更多付出和努力、更能够坚持、更少的消极情绪，从而收获更好的学习效果（Bandura，1997；Wilson et al.，2007）。效能感与学习的关系在组织研究中有较为成熟的论证，如 Safari（2011）发现组织的效能感直接作用于组织学习活动，影响后者的强烈程度；另外，组织的效能感可以促进组织共同信念的形成（Bandura，1997），提高组织的凝聚力（Lester et al.，2002），塑造知识共享与整合的氛围（Chadwick & Raver，2015），间接促进组织学习。

借鉴上述研究，对于创业者个体而言，其创业自我效能有利于深化经验学习。首先，从知识获取方面，高自我效能感的个体对环境信息更警觉，能够捕捉相关的知识和资源（Bandura，1977），因而创业者的创业自我效能使之与环境形成积极的互动，在过去的创业经历中加深对知识的捕获能力。其次，从知识的转化方面，创业者的创业自我效能感引发创业者的积极行为，如增加学习投入（Ouweneel et al.，2011）、更多的努力和坚持（Bandura，1997）、追逐良好的学习氛围等，有利于创业者深入思考和领悟，将经验内化为自身独特的知识，促进知识的转化过程。

直接针对创业者的研究发现，创业自我效能可以通过调节创业者情绪进而提高学习效率。如创业自我效能可以降低创业失败的后悔等消极情绪（Shepherd et al.，2009），减少创业失败中自尊和自信的消耗（于晓宇等，2013），促进创业者从失败中恢复（Zellweger et al.，2011；Knockaert et al.，2015），而经历创业失败后，越快的恢复越能促进创业者在失败经验中学习（Shepherd，2003）。

总之，创业自我效能对创业者的经验学习有直接的促进作用：既能加强创业者对知识的敏感性，从而增强其知识获取能力，又能通过增强创业者的学习投入、努力，提升知识的转化能力，并且，创业自我效能通过调节创业者情绪间接影响其经验学习过程。

假设 5：创业者在过去创业中形成的创业自我效能促进创业者经验学习。

假设 5a：创业者在过去创业中形成的创业自我效能促进创业者知识获取。

假设 5b：创业者在过去创业中形成的创业自我效能促进创业者知识转化。

4.3.2 自利性归因偏差对经验学习的影响

早期对自利性归因偏差的研究是从个体对不完整信息加工处理的角度解释的。由于记忆中可储存的信息量是有限的，人们倾向于以特定方式组织记忆，并且这个过程会促进某种特定知识的提取和建构（Fiske & Taylor，2013）。自利性归因偏差正是人们对于信息的选择性注意过程（Miller & Ross，1975），当人们不去搜集所有可供解释结果的信息，而是接受大脑中第一个逻辑解释时，人们通常觉得满意（Shepperd et al.，2008），而这个满意过程将影响其自身后续的知识的提取和建构。对于创业者而言，自利性归因偏差是一种信息过滤机制，留存有利于再次创业的信息、摒弃不利于再次创业的信息，促进创业者后续创业行为。因而从信息加工的角度，自利性归因偏差与创业者的知识获取和知识转化过程紧密相关，外在表现为通过影响创业者对过去经验的学习进而影响机会识别和机会开发等行为。

积极结果的内部归因促进创业机会相关的行为，其中，起到重要推动作用的是创业者在内部归因中获得的自我强化，导致更多的努力、坚韧和更强烈的目标导向，在创业者个体学习视角的研究中，自我强化是促进创业学习的重要推动因素（Rae，2000，2001；Cope，2000，2003，2005；Minniti & Bygrave，2001）。首先，从知识的特性方面，创业者通过学习获取的创业知识是一种系统化的专门知识（蔡莉等，2012），需要创业者付出一定的时间和精力去搜集、体验、提炼、反思，创业者自我驱动性越高，越能促进创业者对知识的搜寻与思考，将获取的知识转化为自身内部的隐性知识，即深入进行经验学习（Minniti & Bygrave，2001）。其次，经验学习过程对过去的经验有强烈的路径依赖，积极事件的内部归因使创业者认同过去的成功路径，而这个路径也成为学习的来源。内部归因提高了创业者对自身优势的感知，为了利用自身优势重现成功，创业者减少了行业转换等提升不确定性的行为（Eggers & Lin，2015），倾向于在熟悉领域进行深入挖掘，不仅为创业者提供了直接有利于创业的知识，还为创业者提供了知识转化的思维方式（Holcomb，2009），进而为创业机会的进一步识别、评估和开发提供了基础（Shane，2000）。因而，对积极结果的内部归因，促进了创业者从过去创业经历中对知识的认可和获取，并通过路径依赖形成了知识转化的思维模式，将过去的经验转化为能为自己所用的知识。

创业者经历消极事件后，对事件的外部归因有利于降低消极情绪，从而促进创业学习，并通过知识的获取和转化增强机会识别能力，促进后续机会开发行为。研究表明，创业失败后的后悔情绪是阻碍创业学习的重要因素（Shepherd et al.，2009），对事件的外部归因对创业者形成心理上的自我保护（Fiske & Taylor，2013），促进创业者的情绪恢复，而从后悔中的恢复促进信息的搜寻和转化（Shepherd，2009），为创业者再创业提供了条件和动机（Shepherd，2003）。

综上所述，对过去创业事件的自利性归因偏差有利于创业者获得自我强化，促进创业者从后悔情绪中的恢复，促进在创业过程中的知识获取和转化过程，使创业者能够深入进行经验学习。

假设6：创业者对过去创业事件归因的自利性归因偏差促进创业者经验学习。

假设6a：创业者对过去创业事件归因的自利性归因偏差促进创业者知识获取。

假设6b：创业者对过去创业事件归因的自利性归因偏差促进创业者知识转化。

4.3.3 情感承诺对经验学习的影响

创业者在创业活动中投入的情感状态有差别，则对于创业过程的感知程度不同（Sharma & Irving，2005），即创业者经验的获取程度存在差异。Tang（2008）指出，创业警觉与创业承诺相伴而生；创业承诺帮助创业者搜寻信息和灵感，使创业者往往能够发现潜在的创业机会。高情感承诺的创业者能够保持较高的警觉性，对创业的每个过程高度参与，注重在创业中获取信息和知识，促进创业者获取创业知识。而低情感承诺的创业者缺乏对创业过程的深度涉入，创业警觉性较低，不注重对知识的深度挖掘和思考，因而不能对先前经验进行高效率的积累和整合。

创业承诺本身被视为一种创业的智力资本（Erikson，2002），影响创业者获得资源的水平和为之耗用的时间（Cardon et al.，2005）。为实现目标，高情感承诺的创业者表现出更积极的行为，如更多地进行付出和努力（Zahra et al.，2008；Uy et al.，2015）。而在创业学习中，越多的努力越能加强"干中学"程度，从过去经验中寻找创业的技巧和问题的解决方法，因而更关注知识的转化和运用过程，促进高水平的经验学习（Cope，2005）。

成功的创业经历产生积极的情感，创业者愿意对过去的经历进行回顾。但当出现创业失败，伴随后悔等消极情绪的产生，从而使在失败中的学习变得困难（Cannon & Edmondson，2001）。Shepherd 等（2011）指出，随着时间的流逝，失败对创业者的消极影响逐渐减弱，失败时间越久远，越有利于创业者情感承诺和创业学习的增加。在恢复过程中，情感投入越多，创业者越希望能在下次创业中获得积极的结果，从而具有更强烈的失败学习的动力。

因此，创业者的情感承诺有利于提高创业者警觉性，从经验中获取知识；同时加强了创业者"干中学"过程，使之通过对知识的转化获取解决问题的办法，在促进创业者经验学习方面发挥重要作用。

假设 7：创业者对过去创业活动的情感承诺促进创业者经验学习。

假设 7a：创业者对过去创业活动的情感承诺促进创业者知识获取。

假设 7b：创业者对过去创业活动的情感承诺促进创业者知识转化。

4.4 经验学习的中介作用

4.4.1 经验学习在创业自我效能与创业机会开发之间的中介

创业自我效能是创业者的内在驱动力，能够积极促进创业者对创业活动的参与，推动创业机会开发行为。从知识的角度看，创业机会开发以创业知识为基础，利用知识识别机会，并且通过对知识的运用完成开发过程。而创业自我效能在创业者知识获取和转化方面有积极的促进作用，拥有较高创业自我效能的创业者，注重从过去经验中获取知识，并将知识内在化，在后续创业活动中运用。因此，创业自我效能对创业机会的促进作用是通过创业者的经验学习实现的，创业自我效能促进创业者知识获取和知识转化，使创业者对过去的创业知识有了深化和领悟，对创业机会形成更为深入的感知，促进了创业机会的识别、评估过程，进而创业者利用知识实现机会的开发，经验学习在创业自我效能与创业机会开发之间起中介作用。

假设 8：经验学习在创业自我效能与创业机会开发关系中起中介作用。

假设 8a：知识获取在创业自我效能与创业机会开发关系中起中介作用。

假设 8b：知识转化在创业自我效能与创业机会开发关系中起中介作用。

4.4.2 经验学习在自利性归因偏差与创业机会开发之间的中介

自利性归因偏差的存在说明创业者具有特定的认知模式，其知识获取的路径和思维异于非创业者。对积极事件的内部归因有利于从过去经验中获取知识，并依赖于成功的知识转化路径对知识进行加工；对消极事件的外部归因有利于从失败中恢复情绪，正视失败的产生，获取知识，并将知识转化为失败的教训，从而在未来活动中避免再次失败的发生。而通过知识获取与知识转化的过程，创业者获得了识别机会的能力和机会开发的能力，进而倾向于做出开发机会的行为。对积极事件的内部归因是创业者自我强化的过程，对消极事件的外部归因是创业者自我保护的过程，两者提高了创业者的知识获取与转化水平，进而通过知识存量的增加提高了开发机会的可能性。因此，创业者经验学习以及知识获取、知识转化维度在自利性归因偏差与创业机会开发行为之间起中介作用。

假设 9： 经验学习在自利性归因偏差与创业机会开发关系中起中介作用。

假设 9a： 知识获取在自利性归因偏差与创业机会开发关系中起中介作用。

假设 9b： 知识转化在自利性归因偏差与创业机会开发关系中起中介作用。

4.4.3 经验学习在情感承诺与创业机会开发之间的中介

情感承诺对创业机会开发的影响也是通过知识的获取与转化实现的。高情感承诺的创业者对过去创业经历有更强烈的情感依赖，越愿意对经验进行总结，从经验中获取知识并进行思考和整合的程度更高，而依据所获取的知识更容易识别出创业机会并进行开发。因此，情感承诺对创业机会开发行为的影响是通过创业者的经验学习深度体现的，经验学习及其各个维度在情感承诺与创业机会开发行为中起中介作用。

假设 10： 经验学习在情感承诺与创业机会开发关系中起中介作用。

假设 10a： 知识获取在情感承诺与创业机会开发关系中起中介作用。

假设 10b： 知识转化在情感承诺与创业机会开发关系中起中介作用。

4.5 本章小结

本章基于第3章提出的理论模型并利用现有研究成果，分别从创业认知与机会开发、经验学习与机会开发、创业认知与经验学习、经验学习在创业认知与机会开发之间的中介作用四个角度提出假设，从理论上论证了各变量之间的相互关系。本章所提出的假设汇总如表4.1所示：

表4.1 研究假设汇总

	假设
H1	创业者在过去创业中形成的创业自我效能促进创业机会开发行为
H2	创业者对过去创业事件归因的自利性归因偏差促进创业机会开发行为
H3	创业者对过去创业活动的情感承诺促进创业机会开发行为
H4	创业者的经验学习促进创业机会开发行为
H4a	创业者的知识获取促进创业机会开发行为
H4b	创业者的知识转化促进创业机会开发行为
H5	创业者在过去创业中形成的创业自我效能促进创业者经验学习
H5a	创业者在过去创业中形成的创业自我效能促进创业者知识获取
H5b	创业者在过去创业中形成的创业自我效能促进创业者知识转化
H6	创业者对过去创业事件归因的自利性归因偏差促进创业者经验学习
H6a	创业者对过去创业事件归因的自利性归因偏差促进创业者知识获取
H6b	创业者对过去创业事件归因的自利性归因偏差促进创业者知识转化
H7	创业者对过去创业活动的情感承诺促进创业者经验学习
H7a	创业者对过去创业活动的情感承诺促进创业者知识获取
H7b	创业者对过去创业活动的情感承诺促进创业者知识转化
H8	经验学习在创业自我效能与创业机会开发关系中起中介作用
H8a	知识获取在创业自我效能与创业机会开发关系中起中介作用
H8b	知识转化在创业自我效能与创业机会开发关系中起中介作用
H9	经验学习在自利性归因偏差与创业机会开发关系中起中介作用

续表

	假设
H9a	知识获取在自利性归因偏差与创业机会开发关系中起中介作用
H9b	知识转化在自利性归因偏差与创业机会开发关系中起中介作用
H10	经验学习在情感承诺与创业机会开发关系中起中介作用
H10a	知识获取在情感承诺与创业机会开发关系中起中介作用
H10b	知识转化在情感承诺与创业机会开发关系中起中介作用

5 研究设计

本章结合相关文献，提出了模型及假设中相关概念的测量方式，构建了创业认知、经验学习、机会开发量表，并利用预测试对样表的信度、效度进行分析，根据预测试结果对量表进行修改，为实证研究做好铺垫。

5.1 问卷设计及流程

本章采用问卷法对数据进行收集。问卷调查法是获取与研究内容相契合的一手数据的有效方式，也是管理学研究中常用的研究方法。高质量的问卷能够便捷、灵活而又准确地对变量进行测量，为探索变量之间的关系奠定良好基础。为保证研究质量，本章在设计调查问卷时注意以下三点原则：第一，问卷内容与主题相符合，并且不夹杂无用信息，避免因题项过多导致提问质量下降。第二，尽量采用国内外研究中的成熟量表。对于变量的测量需要多方面进行论证。第三，用语尽量简单、规范，避免出现倾向性、提示性或具有诱导作用的词语，防止对受访者的判断造成偏差；避免模棱两可的提问，防止受访者所答非所问等现象。

本章所采用的问卷设计流程分为四个步骤：

第一，大量阅读文献，了解现有研究中测量某一变量的主要方法和适用情境，选择与本书研究相一致的测量量表，必要时在题项的描述中强调创业相关的情境。

第二，与专家、同学及个别创业者讨论问卷，探讨题项的设计或表述方式是否合理、清楚、简洁，问卷结构的设计是否科学。该过程收到了来自专家、同学和创业者的大量反馈，对问卷的清晰化、情境化具有重要作用。

第三，小范围预调研。选择 100 位创业者试填问卷，收集创业者反馈的信息，对问卷做出进一步改进；对预调研数据进行分析，根据结果对个别题项进行优化或删除，从而形成可用于大规模调研的最终问卷。

第四，证实调研。依据上述流程，将最终问卷用于正式调研，以获取假设验证的数据，利用实证分析方法进行分析和处理，从而对研究假设予以验证。

5.2 变量测量

5.2.1 创业自我效能的测量

创业自我效能是学者将自我效能的概念引入创业领域，与一般自我效能相区别，创业自我效能更关注个体在创业活动中的信念。Zhao 等（2005）证实了在创业领域中，创业自我效能比一般自我效能有更好的效度。

创业是一系列任务的集合（Gist & Mitchell，1992），部分学者根据创业者所需完成的任务划分创业自我效能的维度。Chen 等（1998）最早对创业自我效能进行探讨，将其分为五个维度，分别在 MBA 学生群体和创业者群体进行了测试。借鉴这五个维度，Forbe（2005）编制了 15 个题项的量表，由 Cardon 和 Kirk（2015）根据因子分析结果，剔除两个交叉负荷题项。De Noble 等（1999）根据创业所需完成的任务对创业自我效能的维度进行了更细致的划分，具有较高的理论贡献；然而量表题项过多，可操作性较差，并且由此带来的测量误差较大，该量表在实际测量中并未得到广泛运用。创业自我效能的测量方式汇总如表 5.1 所示。

随着对创业自我效能概念的推广，多数学者并不关心创业者在某一个方面的具体效能感，而是倾向于关注创业自我效能整体上对创业者及后续行为产生的影

表 5.1 创业自我效能的测量方式汇总

学者	维度	题项
Chen 等（1998）	营销、创新、管理、财务、风险承担	22 个题项
Forbe（2005）	营销、创新、管理、财务、风险承担	15 个题项
Cardon 和 Kirk（2015）	营销、创新、管理、财务、风险承担	13 个题项
De Noble 等（1999）	风险和不确定性管理、创新工作环境的营造和维持、人际关系及网络管理、关键资源的获取与分配、机会识别、创新和产品开发	35 个题项
Kolvereid 等（2006）	机会识别、关系管理、风险承担、管理	18 个题项
Barbosa 等（2007）	机会、关系、管理、模糊容忍	18 个题项
McGee（2009）	搜寻、计划、调动、人力资源、财务、态度	22 个题项
Lucas 和 Cooper（2005）	单维度	6 个题项
Carter 等（2007）	单维度	6 个题项
Linan 和 Chen（2009）	单维度	6 个题项

资料来源：根据相关文献整理。

响。后续的研究更倾向于将创业自我效能视为单维度变量，强调与创业活动整体相关的效能感。这个变化在测量上大大简化了创业自我效能的量表，拓展了量表的使用范围，避免了量表的过分冗余。例如，Carter 等（2007）设计了 6 个题项的创业自我效能量表，主要从创业者能力方面进行测量。Linan 和 Chen（2009）依据计划行为理论，从感知行为控制的视角设计了 6 个题项的创业自我效能量表，信度系数（Cronbach's α）为 0.885。该量表由国内学者胡玲玉等（2014）翻译为中文版并对中国的样本进行测试，信度系数为 0.89。由于 Linan 和 Chen 与本章对创业自我效能构念的理论解释和研究角度接近，且被中国学者证实可用于国内情境，因而本章借鉴该量表对创业自我效能进行测量，该量表的内容如表 5.2 所示。

5.2.2 自利性归因偏差的测量

对自利性归因偏差的测量方法形成于管理者自利性归因偏差的衡量，并遵照自利性归因偏差的概念逐步完善。根据归因理论，Salancik 和 Meindl（1984）提出管理者对公司绩效的归因有如下分类（见表 5.3）：

表 5.2　创业自我效能量表

构念	编码	题项	来源
创业自我效能	ESE1	我有能力掌控整个公司创立过程	Linan 和 Chen（2009）
	ESE2	我清楚创办一家公司的必要细节	
	ESE3	我知道如何制订创业计划	
	ESE4	对于创办企业，我成竹在胸	
	ESE5	我创办企业，获得成功的可能性很大	
	ESE6	创办并运营一家公司对我来说比较容易	

资料来源：Linan F，Chen Y W. Development and Cross – Cultural application of a specific instrument to measure entrepreneurial intentions［J］. Entrepreneurship Theory and Practice，2009，33（3）：593 –617.

表 5.3　管理者对于公司绩效的归因种类

	内部归因（Internal）	外部归因（External）
绩优（Positive Outcome）	IP（Internal，Positive）	EP（External，Positive）
绩差（Negative Outcome）	IN（Internal，Negative）	EN（External，Negative）

资料来源：Salancik G R，Meindl J R. Corporate attribution as strategic illusions of management control［J］. Administrative Science Quarterly，1984，29（2）：238 – 254.

Salancik 和 Meindl 指出，利用 IP、– EP 表示将积极结果进行内部归因，利用 EN、– IN 表示将消极结果进行外部归因，即将积极事件的内部归因、消极事件的外部归因作为自利性归因偏差的正向维度，将积极事件的外部归因、消极事件的内部归因作为自利性归因偏差的负向维度。Clapham 和 Schwenk（1991）、Wagner 和 Gooding（1997）、花贵如等（2014）诸多学者在研究中借鉴该方法对管理者自利性归因偏差进行深入探索。由于现有研究表明，管理者与创业者在心理认知方面的差异极为微小，甚至有学者认为两者并无差异（Busenitz & Barney，1997；Rogoff，2004），对于绩效的归因和积极、消极事件的归因在理论上不存在本质差异（Feldman，1981），因此，对管理者的自利性归因偏差测量方式可以应用于对创业者的自利性归因偏差测量之中。本章借鉴 Salancik 和 Meindl 提出的自利性归因偏差测量方法研究创业者对创业事件的归因。

对于创业者的内部归因和外部归因的测量，利用 Yamakawa 等（2015）提出的量表，分别从创业能力和创业情境角度考虑创业者的内部和外部归因，内部、外部归因各有 3 个题项，分别针对创业者过去的积极事件和消极事件进行提问，因而共有 12 个题项，并利用 Likert 5 点量表的方式（见表 5.4 至表 5.7）。每个样本的 IP、EP、IN、EN 作为自利性归因偏差的四个维度（EP、IN 为负向得分），汇总四个维度的得分，即自利性归因偏差程度的测量值。

表5.4　对积极事件的内部归因量表

构念	编码	题项	来源
对积极事件的内部归因		回想过去创业中的一些较为成功的事件，我认为之所以能够成功，是因为：	Yamakawa 等（2015）
	IP1	我有很好的产品设计和营销能力，在产品方面有独特的优势	
	IP2	我有明确的目标，并且发展战略制定得很合理	
	IP3	我拥有合格的创业技能和企业管理能力	

资料来源：Yamakawa Y, Peng M W, Deeds D L. Rising from the ashes: Cognitive determinants of venture growth after entrepreneurial failure ［J］. Entrepreneurship Theory and Practice, 2015（3）: 209 – 236.

表5.5　对积极事件的外部归因量表

构念	编码	题项	来源
对积极事件的外部归因		回想过去创业中的一些较为成功的事件，我认为之所以能够获得很好的结果，是因为：	Yamakawa 等（2015）
	EP1	我所在的行业竞争还不激烈，市场前景广阔	
	EP2	现在的经济形势比较好，环境稳定	
	EP3	有很多优秀人才的加入	

资料来源：Yamakawa Y, Peng M W, Deeds D L. Rising from the ashes: Cognitive determinants of venture growth after entrepreneurial failure ［J］. Entrepreneurship Theory and Practice, 2015（3）: 209 – 236.

表5.6　对消极事件的内部归因量表

构念	编码	题项	来源
对消极事件的内部归因		回想过去创业中的一些较为失败的事件，我认为之所以失败，是因为：	Yamakawa 等（2015）
	IN1	缺乏产品设计和营销能力，在产品方面没有独特的优势	
	IN2	我的目标不明确，发展战略制定得太不合理	
	IN3	我缺乏相应的创业技能和企业管理能力	

资料来源：Yamakawa Y, Peng M W, Deeds D L. Rising from the ashes: Cognitive determinants of venture growth after entrepreneurial failure ［J］. Entrepreneurship Theory and Practice, 2015（3）: 209 – 236.

表 5.7　对消极事件的外部归因量表

构念	编码	题项	来源
对消极事件的外部归因		**回想过去创业中的一些较为失败的事件，我认为之所以失败，是因为：**	Yamakawa 等（2015）
	EN1	我所在的行业竞争特别激烈，市场已被瓜分完毕	
	EN2	现在的经济形势不好，波动太大	
	EN3	很难招到优秀的人才	

资料来源：Yamakawa Y, Peng M W, Deeds D L. Rising from the ashes：Cognitive determinants of venture growth after entrepreneurial failure［J］. Entrepreneurship Theory and Practice, 2015（3）：209－236.

5.2.3　情感承诺的测量

情感承诺的测量源于创业承诺相关研究。目前针对创业承诺的测量有两类：客观指标和主观量表。

通过客观指标对创业承诺进行测量的原理是，越强的创业承诺越促使创业者投入更多的时间、精力、资本、情感，或在面对困难时选择继续创业，不愿放弃创业，因而可以用个人资本投入程度衡量创业承诺的高低（Van de Ven et al.，1984），如 Yang 和 Chang（2010）将创业者投入的时间作为创业承诺的衡量标准。Sorensen & Phillips（2011）将创业退出率作为创业承诺的反向测量指标。客观指标对创业承诺的衡量更少受主观偏差的影响，然而目前缺乏可行的客观衡量体系，选用哪些客观指标才能对创业承诺进行真实的反映还有待于讨论。现有研究仅从创业者的某个单一方面的付出测量创业承诺，不一定能够代表真实的承诺水平；而且针对情感承诺维度，客观指标法难以测量创业者在创业过程中内心情感的付出。此外，个别指标理论上能够反映创业承诺水平，但实际操作中的指标数值难以获取，因而在对创业承诺的测量中，较少学者采取客观指标的衡量方式。

由于客观指标存在的诸多局限，在实际测量中，主观量表更得到研究者的认可。对于承诺的研究，本意是观察人的自我行为（Clercq & Rius，2007），因而现有学者在组织承诺与创业承诺的主观测量上是一致的，即对于创业承诺的测量借鉴了组织承诺的测量，对量表赋予创业情境（Akehurst et al.，2009；Javalgi &

Todd，2011；Tang，2008）。本章借鉴 Allen 和 Meyer（1990）提出的情感承诺量表（见表5.8）。该量表为测量情感承诺的经典量表，有学者根据研究内容予以情境化改编，被认为能够测量新情境下的个体情感承诺（Kehoe & Wright，2013）。此外，中国学者对该量表的广泛运用证实了量表不存在文化差异（孙宁和孔海燕，2016）。

表5.8　创业者情感承诺量表

构念	编码	题项	来源
情感承诺	AC1	如果能一直在自己创办的企业中工作，我感到很开心	Allen 和 Meyer（1990）
	AC2	我喜欢跟别人讨论我的创业过程	
	AC3	我把创业过程中遇到的问题当成我自己的问题积极解决	
	AC4	创业比受雇于他人更能使我产生情感上的归属	
	AC5	自己创办企业，这对我而言有重要的个人意义	
	AC6	我对我的企业没有什么特殊感情	

资料来源：Allen N J, Meyer J P. The measurement and antecedents of affective, continuance and normative commitment to the organization［J］. Journal of Occupational Psychology, 1990, 63（1）：1 - 18.

5.2.4　经验学习的测量

根据 Kolb（1984）的经验学习理论和 Corbett（2007）基于经验的创业学习理论，从知识获取和知识转化两个方面对经验学习进行测量。

不少学者对知识获取问题进行研究，比较有代表性的测量思路包含两类。第一类测量关注知识获取的途径和方式，如 Ari（2005）使用"采用最佳工作方法""持续关注行业相关信息""进行充分市场调研"等，Jansen 等（2005）使用"频繁与外界接触""频繁联系其他企业""通过聊天等非正式方式获取知识""定期组织会面和研讨"等测量企业的知识获取情况。第二类测量关注知识获取的内容，如 Lyles 和 Salk（2007）提出从母公司获取技术知识、市场技能、产品研发、管理技能等题项测量子公司的知识获取。Li（2010）提出从外部获取技术知识、流程知识、管理知识等题项测量企业外部知识获取程度。Norman（2004）提出从联盟对方获取管理知识、技术知识等题项测量企业在战略联盟中的知识获取。第一类测量基于"越多地接触到知识越有利于知识获取"的前提对知识获取进行间接测量，第二类测量针对企业或管理者的知识获取程度进行直接测量，具有更小的误差，因而本章利用第二类测量方式。

在对创业知识的阐述中，Alvarez 和 Barney（2004）、Politis（2005）、Holcom 等（2009）、Burn 等（2011）学者将创业知识划分为较为抽象的要素，如信息获取、克服新进入者缺陷、利用资源等。Widding（2005）、Cope（2005）提出更为具体的划分，在测量方面更具操作性。本章借鉴 Widding（2005）对于创业知识的划分，测量创业者知识获取程度，共四个题项，采用 Likert 5 点量表的形式（见表 5.9）。该量表与 Lane 等（2001）测量组织知识获取的量表相同，分别从产品、市场环境、管理、资源获取方面进行提问；同时陈文婷（2013）在研究创业者知识获取时也提出过类似量表，其信度系数为 0.899。

表 5.9 创业者知识获取量表

构念	编码	题项	来源
知识获取	KA1	我从创业过程中学会了如何管理企业	Widding（2005）
	KA2	我能通过创业深入了解我所在的行业环境和市场环境	
	KA3	通过创业，我能清楚地知道如何改进我的产品	
	KA4	我从创业过程中学会了如何获取所需的资源	

资料来源：Widding L. Building entrepreneurial knowledge reservoirs［J］. Journal of Small Business and Enterprise Development，2005，12（4）：595 – 615.

在针对知识研究的文献中，知识的转化被认为是复杂的过程。如 Nonaka 和 Takeuchi（1995）将知识的转化过程细分为共同化、表出化、内在化、联结化；Chang 等（2012）制作了详细的量表测量知识转化的各个过程。而部分学者从测量的简易性出发，开发了知识转化的单维量表，如 Nieto 和 Quevedo（2005）、Jansen 等（2005）、Andrawwina 等（2008）、Liao 等（2007）、Ticana 和 Mclean（2005）。本章采用单维测量法，采用 Jansen 等（2005）提出的个体层面知识转化量表，个别表述结合 Pavlou 和 El Sawy（2006）的研究予以修正，该量表经由中国学者汤超颖等（2015）翻译及应用，具有较好的研究信度（信度系数为

0.72）。该量表共五个题项，采取 Likert 5 点量表模式（见表 5.10）。

表 5.10　创业者知识转化量表

构念	编码	题项	来源
知识转化	KT1	我经常归纳、整理和总结创业过程中获得的经验	Jansen 等（2005）；Pavlou 和 El Sawy（2006）
	KT2	我很重视学习新知识并加以储备，以备以后使用	
	KT3	我善于将外部信息转化为对我有价值的知识	
	KT4	过去的经验可以为现在的工作提供指导	
	KT5	我能通过思考，从过去的经验中产生新的见解	

资料来源：Jansen J P, Van Den Bosch F A J, Volberda H W. Managing potential and realized absorptive capacity: How do organizational antecedents matter? [J]. Academy of Management Journal, 2005, 48 (6): 999 – 1015; Pavlou P A, El Sawy O A. From IT leveraging competence to competitive advantage in turbulent environments: The case of new product development [J]. Information Systems Research, 2006, 17 (3): 198 – 227.

5.2.5　机会开发的测量

创业机会开发决策测量的研究可分为三种方式：机会开发事实的测量、机会开发方式的测量和机会开发倾向的测量。

第一种，机会开发事实的测量主要是针对创业者过去机会开发的事实设置题项，例如采用"是否开发了创业机会"的哑变量表示创业机会开发的有无（De Jong，2013；Tumasjan et al.，2013），类似地，Lumpkin 和 Lichtenstein（2005）将创业者开发机会的数量作为机会开发的测量值。这样的测量方式较为粗略，并不能反映创业者进行机会开发决策的真正效果（McKelvie et al.，2011）。Grichnik 等（2010）提出，创业者进行机会开发，本质上是对创业资源的分配。因此，该学者从资源分配的角度提出三个题项："你将多大比例的存款用于创业机会开发""你将为开发创业机会负担多大比例负债""你将为开发创业机会付出多少时间"，并设定了相关情境（如将 40000 欧元视为 100% 投资），但此问卷用于中国的研究存在一定单位转换的困难。仿照该研究思路，任胜钢和舒睿（2014）从资金投入、厂房投入、设备投入、人力资源投入方面设置题项，探索社会资本对创业机会开发的影响。

对创业机会开发行为的第二种测量方式侧重于探索创业者开发机会的模式差异。国内学者普遍倾向于通过观察创业机会开发的方式、对比各类方式的不同来研究创业机会开发的行为的差异。王旭和朱秀梅（2010）、单标安等（2015）利用创新型机会开发和均衡型机会开发的量表，测量了两类机会开发方式在资源整合、新创企业中的差异。刘佳和李新春（2013）利用创新型机会开发和模仿型机会开发量表探索不同机会开发模式对新创企业绩效的影响。买忆媛（2009）、杨俊（2013）在研究创业机会开发中着重探索了机会的创新型水平，通过询问创业者的"我将大部分资金优先投入研发活动""我积极去申请专利、商标或版权保护""我所提供的产品或服务在市场上具有独特性"三种行为测量创业机会的创新性。该类量表适于在明确创业机会开发产生机理的基础上，对创业者开发机会的行为特性进行更深层次的探索，对比不同模式的机会开发行为带来的差异。由于过于关注机会开发模式的差异，该类量表对机会开发的程度以及产生的效果有所忽视，因而不适合本章研究。

第三种机会开发行为的量表是结合创业机会开发倾向以及机会开发行为而进行测量的。现有研究认为，机会开发倾向与行为直接相关，可以反映创业者开发机会的可能性和程度（Chen et al.，1998；Welpe et al.，2012），使机会开发倾向的量表得到了广泛的认可。据此，有学者针对"你开发某个创业机会的可能性"进行直接提问（Choi & Shepherd，2004；Klaukien et al.，2013），指出机会开发的可能性越高，则创业者越多地开展机会开发行为。

然而，单一问题问卷的效度受到质疑，为此，Chen 等（1998）、Simon 等（2000）采用类似的提问方式开发了多问项的创业机会开发问卷，并由马昆姝等（2010）、张秀娥等（2012）、任胜钢和舒睿（2014）等学者进行多次验证。Hsu 等（2015）借鉴 Chen 的创业机会开发量表测量了创业者退出之后的再创业决策，在对问题进行提问前加入了对过去经验的考虑，如"鉴于过去的创业经验，您愿意投入多少资源来开发您所识别出的机会"，因而更适合本章研究情境下的测量。采用 Chen 开发的量表，共五个题项，并利用 Likert 5 点量表的方式。在 Chen 的研究中，该量表内部一致性信度为 0.92，达到可接受水平。量表内容如表 5.11 所示。

表 5.11　创业机会开发量表

构念	编码	题项	来源
		鉴于您过去创业经历，面对周围创业机会：	Hsu（2015）
创业机会开发	OE1	当发现有价值的机会时，我很可能着手开发这个机会	
	OE2	我愿意投入很多资源和精力来开发您所识别出的机会	
	OE3	我已经为再次开发创业机会做出了努力或行动	Chen 等（1998）
	OE4	我享受将潜在的机会变成企业的过程	
	OE5	在识别出创业机会之后，我会很快开展机会开发的相关活动	

资料来源：Chen C C, Greene P G, Crick A. Does entrepreneurial self – efficacy distinguish entrepreneurs from managers？[J]. Journal of Business Venturing, 1998, 13（4）：295 – 316.

5.2.6　控制变量的测量

本章着重探索创业认知对创业者后续行为的影响，由于研究对象为拥有创业经历的创业者，而创业经验的差异能够对创业者后续行为产生影响（Tang & Murphy，2012；Eckhardt & Shane，2003），因而对其予以控制。参照 Baldacchino（2013）的测量，本章从创业次数、创业年限、创业规模、创业结果四个方面对创业者的过去经验进行考察和控制。创业次数以创办企业的数量表示，分为"1家""2～3家""4～5家""6家及以上"；创业年限分为"1年及以下""2～5年""6～10年""11～20年""20年以上"五个选项；创业规模可利用员工人数测量（Cavazos et al.，2012），设置"10人及以下""11～100人""101～300人""300人以上"选项；创业结果分为"多数成功""多数失败""既有成功的经历，也有失败的经历"三个选项。

此外，对创业者其他基本信息进行提问，用于问卷质量的考察，包括年龄、学历、工作年限、所属行业等。年龄设置如下区间选项："20岁以下""20～30岁""31～40岁""41～50岁""50岁以上"；学历设置"高中及以下""本科""硕士""博士及以上"选项；创业前工作年限设置"1年及以下""2～5年""6～10年""11～20年""20年以上"。所属行业设置了14个选项，基本覆盖国民经济主要行业类别。

5.3 效度与信度检验

问卷的效度和信度是衡量问卷质量的有效指标。信度分析用于检验问卷的一致性、可靠性程度，信度越高，问卷越稳定、可靠，目前最常用的信度分析方法为 Cronbach（1951）所发展的 α 系数（邱浩政，2009）。问卷的效度分析用于检测所用问卷能否测量所需测量的变量，即测量结果能否反映想要考察的内容。对于问卷效度的测量，主要在于测试其内容效度和结构效度，前者强调测试内容是否覆盖了测试主题，可以通过专家判断法进行测度。本章采用的量表均为现有文献中的成熟量表，并且未做实质性改动，因而内容效度较高。结构效度指问卷实际测到所要测量的理论结构和特质的程度，常用方法为因子分析。为了进一步确定量表是否可靠、有效，本章在正式调研之前进行了小范围预调研，通过京滨孵化器、众创空间等平台联系 100 位创业者发放问卷，回收问卷 63 份，剔除全部题项答案相同、反向提问不合逻辑等无效问卷，共取得有效问卷 56 份，对此进行信度分析和效度分析。

本章利用 SPSS 19.0 统计软件对创业自我效能、创业事件归因、创业者情感承诺、知识获取、知识转化与创业机会开发量表进行信度及效度检验。对于信度的检验，利用 Cronbach's α 系数和 CITC 值进行检验，量表的 Cronbach's α 应大于 0.7，且各题项 CITC 值大于 0.3；若某一题项 CITC 值小于 0.3 且删除后的 Cronbach's α 增加，则该题项应予以删除（温忠麟，2004）。对于效度的检验，首先对量表进行 KMO 和 Bartlett 球形检验，KMO 值大于 0.7，且 Bartlett 球形检验中概率值小于显著性水平可以做因子分析（马庆国，2002）。因子分析中，通过主成分分析法选取特征值大于 1 的因素，利用最大方差旋转法得出主要因子，且因子载荷应大于 0.5（Moss et al.，1998）。

5.3.1 量表的信度检验

对于各个量表的信度检验结果如表 5.12 所示。其中，各个量表的 Cronbach's α

均大于0.7。然而值得注意的是，在创业自我效能的量表中，第六个题项CITC值小于0.3，且删除该题项后Cronbach's α（0.85）高于该量表目前的Cronbach's α值（0.811），因而将该题项予以删除，删除后创业自我效能量表的Cronbach's α为0.85，大于0.7，创业认知相关量表的其他题项中无CITC值小于0.3的情况，因此，总体而言，量表具有较好的信度。

表5.12　创业认知相关量表的信度分析

编码	删除该项后的均值	删除该项后的方差	校正项目总关性 CICT	删除该项后的Cronbach's α	Cronbach's α
ESE1	15.9643	10.290	0.654	0.763	
ESE2	15.7857	10.244	0.599	0.776	
ESE3	15.4286	10.722	0.626	0.770	0.811
ESE4	16.0714	10.322	0.698	0.754	
ESE5	16.0179	10.781	0.664	0.764	
ESE6	16.3571	12.743	**0.237**	**0.850**	
IP1	7.3750	1.802	0.555	0.762	
IP2	7.3214	1.713	0.685	0.625	0.777
IP3	7.4821	1.672	0.607	0.708	
EP1	6.0000	2.436	0.625	0.646	
EP2	6.0714	2.540	0.678	0.579	0.761
EP3	5.8571	3.325	0.493	0.783	
IN1	5.9107	3.210	0.557	0.816	
IN2	5.9821	2.963	0.730	0.638	0.799
IN3	5.8929	2.934	0.652	0.717	
EN1	7.1964	2.452	0.616	0.625	
EN2	7.0536	2.452	0.605	0.638	0.751
EN3	7.1429	2.670	0.519	0.735	
AC1	21.1429	8.888	0.623	0.852	
AC2	21.4643	7.962	0.724	0.834	
AC3	21.0714	8.831	0.685	0.843	0.868
AC4	21.1250	8.075	0.714	0.836	
AC5	21.1607	8.319	0.635	0.851	
AC6	21.0893	8.592	0.623	0.852	

编码	删除该项后的均值	删除该项后的方差	校正项目总关性 CICT	删除该项后的 Cronbach's α	Cronbach's α
KA1	11.4107	3.410	0.741	0.810	
KA2	11.4464	3.561	0.679	0.835	0.861
KA3	11.5357	3.453	0.673	0.837	
KA4	11.4643	3.162	0.743	0.809	
KT1	16.0714	7.122	0.649	0.873	
KT2	16.1429	6.925	0.761	0.847	
KT3	16.1964	7.288	0.641	0.874	0.882
KT4	16.0536	6.924	0.721	0.856	
KT5	16.1071	6.534	0.817	0.832	
OE1	15.5000	7.200	0.709	0.814	
OE2	15.5536	7.088	0.678	0.823	
OE3	15.6964	7.015	0.697	0.817	0.855
OE4	15.5000	7.491	0.714	0.815	
OE5	15.7500	7.864	0.553	0.853	

5.3.2 量表的效度检验

利用预测试数据进行效度检验，首先测量问卷的 KMO 值并进行 Bartlett 球形检验，结果如表 5.13 所示。Kaiser 指出 KMO 值越接近于 1，则越适合因子分析；通常认为 KMO 值大于 0.9 则非常适合做因子分析，KMO 值在 0.7 以上较为适合做因子分析，在 0.6 以上为中等水平，小于 0.5 则不适合做因子分析，本次预测试 KMO 值为 0.644，尚可进行因子分析。考虑到样本量大小对 KMO 值有影响，本次预测试的样本量偏小可能是造成 KMO 值较低的原因。Bartlett 球形检验 P 值小于 0.01，表明可以进行因子分析。利用主成分分析法和最大方差旋转法提取特征根值大于 1 的因子，解释的总方差达 73.78%，共提取九个因子，分别是：创业自我效能、积极事件内部归因、积极事件外部归因、消极事件内部归因、消极事件外部归因、情感承诺、知识获取、知识转化、创业机会开发（见表 5.14 和表 5.15）。旋转后的因子矩阵中，各因子负荷均大于 0.6，表明变量及维度之间的区别明显，该量表能够予以反映，测量效果较好。

表 5.13　KMO 值和 Bartlett 球形检验

KMO 度量		0.644
Bartlett 球形检验	近似卡方	358.353
	df.	666
	Sig.	0.000

表 5.14　解释的总方差

成分	初始特征值			提取平方和载入			旋转平方和载入		
	合计	方差(%)	累积(%)	合计	方差(%)	累积(%)	合计	方差(%)	累积(%)
1	8.769	23.700	23.700	8.769	23.700	23.700	3.879	10.484	10.484
2	3.897	10.532	34.232	3.897	10.532	34.232	3.747	10.127	20.610
3	3.304	8.929	43.162	3.304	8.929	43.162	3.683	9.955	30.565
4	2.862	7.736	50.898	2.862	7.736	50.898	3.139	8.484	39.050
5	2.298	6.211	57.109	2.298	6.211	57.109	3.012	8.140	47.189
6	1.937	5.235	62.344	1.937	5.235	62.344	2.743	7.414	54.603
7	1.780	4.812	67.156	1.780	4.812	67.156	2.524	6.821	61.424
8	1.293	3.493	70.650	1.293	3.493	70.650	2.445	6.609	68.033
9	1.157	3.127	73.777	1.157	3.127	73.777	2.125	5.743	73.777
10	0.975	2.634	76.411						
11	0.884	2.388	78.799						
12	0.768	2.074	80.874						
13	0.752	2.033	82.906						
14	0.719	1.942	84.848						
15	0.678	1.834	86.682						
16	0.552	1.493	88.175						
17	0.500	1.352	89.527						
18	0.429	1.160	90.687						
19	0.376	1.016	91.703						
20	0.362	0.978	92.682						

续表

成分	初始特征值			提取平方和载入			旋转平方和载入		
	合计	方差（%）	累积（%）	合计	方差（%）	累积（%）	合计	方差（%）	累积（%）
21	0.340	0.919	93.601						
22	0.310	0.838	94.438						
23	0.284	0.769	95.207						
24	0.253	0.684	95.891						
25	0.213	0.575	96.465						
26	0.203	0.549	97.014						
27	0.192	0.520	97.534						
28	0.165	0.446	97.980						
29	0.147	0.398	98.378						
30	0.127	0.342	98.720						
31	0.113	0.305	99.025						
32	0.101	0.273	99.298						
33	0.089	0.240	99.538						
34	0.061	0.165	99.703						
35	0.053	0.142	99.845						
36	0.034	0.092	99.937						
37	0.023	0.063	100.000						

注：提取方法：主成分分析。

表5.15　旋转成分矩阵

编码	成分								
	1	2	3	4	5	6	7	8	9
ESE1	**0.761**	−0.108	0.039	0.032	−0.050	0.006	−0.001	0.082	0.047
ESE2	**0.707**	−0.047	−0.094	−0.241	−0.050	0.092	0.008	0.253	0.279
ESE3	**0.709**	0.098	−0.025	−0.167	−0.058	0.201	−0.082	0.060	0.293
ESE4	**0.837**	0.175	0.124	0.078	−0.099	0.034	0.026	0.007	0.036
ESE5	**0.700**	0.217	0.045	0.062	−0.261	−0.100	0.035	0.228	0.115
IP1	0.032	**0.697**	0.237	0.024	0.043	0.164	0.120	−0.033	−0.163
IP2	0.070	**0.809**	0.096	−0.091	0.155	0.076	0.050	−0.122	0.036

编码	成分								
	1	2	3	4	5	6	7	8	9
IP3	0.118	**0.770**	0.150	−0.033	0.194	0.125	0.063	0.054	0.013
EP1	0.087	0.069	**0.875**	0.055	−0.093	0.028	0.097	−0.073	−0.098
EP2	0.155	0.335	**0.739**	−0.070	−0.168	−0.095	0.075	0.126	0.170
EP3	−0.172	0.291	**0.707**	0.128	−0.344	−0.100	0.074	0.069	0.063
IN1	−0.048	0.077	−0.223	**0.811**	0.047	−0.134	−0.162	0.043	−0.126
IN2	0.023	−0.057	0.146	**0.860**	0.066	0.014	0.043	0.216	0.138
IN3	−0.040	−0.149	0.178	**0.809**	0.020	0.006	0.172	−0.199	0.131
EN1	−0.329	0.147	−0.291	0.016	**0.635**	−0.015	0.197	0.005	0.262
EN2	−0.028	0.131	−0.127	0.114	**0.805**	−0.063	0.078	−0.062	−0.075
EN3	−0.246	0.185	−0.143	0.000	**0.732**	0.125	−0.068	0.153	−0.051
AC1	−0.097	0.299	0.006	0.003	−0.155	**0.654**	0.043	0.075	0.302
AC2	0.007	0.432	−0.061	−0.039	0.045	**0.658**	0.203	0.221	0.181
AC3	0.019	0.328	−0.100	0.093	−0.078	**0.652**	0.073	0.322	0.205
AC4	0.046	0.108	−0.197	−0.062	0.074	**0.720**	0.086	0.278	0.225
AC5	0.200	−0.084	0.090	0.061	0.083	**0.871**	0.140	0.084	0.006
AC6	0.055	−0.054	0.049	−0.363	0.080	**0.680**	0.135	0.114	0.199
KA1	−0.036	0.002	0.048	0.114	−0.104	0.119	**0.845**	0.212	0.016
KA2	0.034	0.002	0.225	−0.037	0.126	0.093	**0.779**	0.102	−0.035
KA3	−0.064	0.340	−0.209	−0.068	−0.065	0.141	**0.772**	0.113	0.078
KA4	0.028	0.102	0.162	−0.019	0.229	0.132	**0.779**	0.154	0.316
KT1	0.300	−0.046	0.115	0.115	0.025	0.202	0.259	**0.682**	−0.107
KT2	0.136	−0.180	0.014	0.093	0.041	0.228	0.132	**0.749**	0.252
KT3	0.123	0.019	0.154	−0.247	0.015	0.204	0.116	**0.673**	0.249
KT4	0.034	0.136	−0.133	0.052	−0.060	0.008	0.034	**0.884**	0.149
KT5	0.138	−0.042	0.018	0.004	0.093	0.320	0.243	**0.785**	0.104
OE1	0.081	−0.009	−0.009	0.053	−0.189	0.364	0.164	0.324	**0.647**
OE2	0.053	−0.059	−0.118	0.153	−0.081	0.251	0.417	0.282	**0.651**
OE3	0.246	−0.059	0.181	−0.089	−0.029	0.333	0.060	0.102	**0.676**
OE4	0.450	0.093	−0.077	0.192	0.045	0.279	0.011	0.182	**0.623**
OE5	0.423	−0.033	0.029	0.011	0.182	0.081	−0.038	0.083	**0.641**

注：提取方法：主成分分析。旋转法：具有 Kaiser 标准化的正交旋转法；旋转在 10 次迭代后收敛。

5.4　本章小结

变量的测量是实证研究的基础。根据第 3 章、第 4 章提出的理论框架和具体假设，借鉴现有文献中的成熟量表，本章对于创业者的创业认知、经验学习及机会开发行为量表进行讨论，提出了适于本章研究情境的量表，并对量表进行预测试，结果表明，量表具有较高的信度和效度，能够用于证实调研和进一步分析。

6 实证分析

本章利用上一章中经预测试验证的量表，通过问卷调查的方法获取创业者认知、经验学习与创业机会开发行为的相关数据。首先对数据进行描述性统计分析，其次进行信度和效度检验，最后通过相关分析和回归分析对第 3 章的理论模型、第 4 章的假设进行验证。

6.1 描述性统计分析

本章以拥有创业经历的创业者为调研对象，通过发放纸质问卷、发送邮件以及利用问卷星平台回收问卷。对京滨创业孵化器的创业者发放 100 份纸质问卷，回收 64 份；利用创业者论坛及其他方式联系创业者，发送电子邮件 100 份，回收问卷 43 份；发送问卷星链接 250 余次，回收问卷 156 份，共获得问卷 263 份，对问卷进行筛选，剔除数据残缺、规律作答、反向提问中不合逻辑等问卷，共获得有效问卷 241 份，问卷回收率约为 53.56%。

6.1.1 受访者基本信息

为观察受访者的分布，调查问卷的第一部分对受访者基本信息进行提问。在年龄上，受访的创业者主要集中于 21～30 岁、31～40 岁，并涵盖了除 20 岁以下的创业人群（见表 6.1）。考虑到我国教育现状，较少有 20 岁以下青少年存在连续创业经历，因而受访者年龄分布符合实际情况。

表6.1　受访者年龄分布

年龄分布	频数	比例（％）
20 岁以下	0	0
21～30 岁	86	35.68
31～40 岁	78	32.37
41～50 岁	59	24.48
50 岁以上	18	7.47
合计	241	100

资料来源：问卷调查。

在学历上，受访者包括了低学历和高学历的创业人群（见表6.2）。学历在本科（51.45％）、硕士（29.88％）中体现出集中态势，同时能够涵盖高学历、低学历的群体，符合现实的教育现状。

表6.2　受访者学历分布

学历分布	频数	比例（％）
高中及以下	21	8.71
本科	124	51.45
硕士	72	29.88
博士及以上	24	9.96
合计	241	100

资料来源：问卷调查。

在本次调研中，多数受访者在创业前工作了2～5年（39.42％），其次是工作1年及以下（24.48％）和工作6～10年的创业者（24.07％）（见表6.3）。受访者工作年限与受访者年龄分布体现出逻辑一致性，由于"41～50岁"和"50岁以上"受访者比例较小，因而拥有较多工作经验的受访者比例偏小。

表6.3　受访者创业前工作年限

工作年限	频数	比例（%）
1 年及以下	59	24.48
2～5 年	95	39.42
6～10 年	58	24.07
11～20 年	23	9.54
20 年以上	6	2.49
合计	241	100

资料来源：问卷调查。

从受访者行业分布来看，调研对象分布于国民经济的各个行业中，没有出现对某一行业偏重而导致可能出现的偏差（见表6.4）。

表6.4　受访者创业的行业分布

行业	频数	比例（%）	行业	频数	比例（%）	行业	频数	比例（%）
农林牧渔	8	3.32	信息产业	25	10.37	房地产	6	2.49
制造业	12	4.98	批发零售	27	11.2	教育	33	13.69
能源	5	2.08	住宿餐饮	28	11.62	医疗	14	5.8
建筑业	7	2.91	金融保险	22	9.13	文化娱乐	24	9.96
交通运输	14	5.81	其他	16	6.64	合计	241	100

资料来源：问卷调查。

总体而言，根据受访者基本信息可知此次调研对象基本覆盖了各个年龄、学历、行业的创业群体，避免了某一特定群体过于集中带来的偏差，因而从描述性统计角度看，此次调研的问卷适于进一步分析。

6.1.2　受访者的创业经验

受访者创业经验的不同会影响其后续创业行为，本章将创业经验作为控制变量考虑，从创业次数、创业年限、最大规模、创业结果四个方面提问，调研结果如表6.5至表6.8所示。多数受访者创业2～5次（58.92%）；多数受访者累计创业 2~5 年（44.81%）；在本次调研中，受访者以中小型企业创业者为主；大部分创业者认为，在过去创业经历中，既有成功的经历，也有失败的经历（53.94%）。

表 6.5　受访者创业次数

创业次数	频数	比例（%）
1 次	68	28.22
2~3 次	95	39.42
4~5 次	47	19.50
6 次及以上	31	12.86
合计	241	100

资料来源：问卷调查。

表 6.6　受访者累计创业年限

创业年限	频数	比例（%）
1 年及以下	32	13.28
2~5 年	108	44.81
6~10 年	61	25.31
11~20 年	24	9.96
20 年以上	16	6.64
合计	241	100

资料来源：问卷调查。

表 6.7　受访者创业的最大规模（以员工人数表示）

员工人数	频数	比例（%）
10 人及以下	96	39.83
11~100 人	105	43.57
100~300 人	26	10.79
300 人以上	14	5.81
合计	241	100

资料来源：问卷调查。

表6.8 受访者先前创业结果

先前创业结果	频数	比例（%）
多数都成功了	49	20.33
多数失败了	62	25.73
既有成功的经历，也有失败的经历	130	53.94
合计	241	100

资料来源：问卷调查。

6.2 量表的信度、效度分析

信度和效度是评价问卷质量的重要标准。信度是测量题项的真实变异相对于观察到的变异之间的比例，即问卷测量时得到一致结果的可信程度。Cronbach's α 分析被认为是评价量表内部一致性的重要指标。效度是对测量工具有效性的检验，对量表的因子分析可以实现对效度的检验。

对量表的因子分析方式可分为探索性因子分析（EFA）和验证性因子分析（CFA）。两种因子分析方式都是基于因子模型，通过变量的相关系数矩阵进行研究，旨在利用几个变量（因子）来表示变量的主要信息。前者基本思想在于寻找公共因子；而后者的主要目的在于探索对观测变量产生影响的因子个数及各因子与观测变量之间的相关程度，从而对量表的内在结构进行观测。由于目的不同，因而两种因子分析方式的适用情境不同，探索性因子分析通常适用于因子的确定与提取的过程，例如在理论支撑不充足的情况下对数据进行试探，并通常需要验证性因子分析对所提取的因子进行检验。验证性因子分析主要基于明确的理论和已明确的因子结构，检验该结构与观测数据是否一致。本章以随机抽取的方式将正式测试中的数据分为两部分（N = 120 以及 N = 121），利用第一部分数据对量表进行探索性因子分析，利用第二部分数据对量表进行验证性因子分析，以观察量表的结构效度。

对于潜变量量表的聚合效度，利用组合信度（CR）和平均方差提取（AVE）指标可以进行有效测量。两者的计算公式如下：

$$CR = \frac{(\sum \lambda)^2}{[(\sum \lambda)^2 + \sum (\theta)]}$$

$$AVE = \frac{\sum \lambda^2}{[\sum \lambda^2 + \sum (\theta)]}$$

其中，λ 表示观察变量在潜变量上的标准化参数估计值；θ 表示观察变量的误差变异量。

对于组合信度、平方差提取与模型内在质量的判断，较为公认的判别标准为组合信度大于0.5，则表明模型内在质量良好；平均方差提取大于0.5，则表明模型内在质量良好。

6.2.1 信度分析

对正式测试中各量表的 Cronbach's α 进行计算，结果表明各个量表的 Cronbach's α 值均在0.8以上，并且自利性归因偏差、经验学习的各个维度的信度也达到0.8，因而量表在总体上呈现较好的信度（见表6.9）。

表6.9 量表的信度分析

构念	测量维度	题项数量	Cronbach's α	
创业自我效能	创业自我效能	5	0.899	0.899
自利性归因偏差	积极事件内部归因	3	0.887	0.960
	积极事件外部归因	3	0.886	
	消极事件内部归因	3	0.827	
	消极事件外部归因	3	0.879	
情感承诺	情感承诺	6	0.895	0.898
经验学习	知识获取	4	0.877	0.927
	知识转化	5	0.872	
连续创业机会开发	连续创业机会开发	5	0.862	0.862

6.2.2 效度分析

6.2.2.1 创业自我效能量表

创业自我效能量表共包含 5 个题项，利用 N = 120 的数据进行 KMO 和 Bartlett 球形检验，进行探索性因子分析（见表 6.10）；利用 N = 121 的数据进行验证性因子分析，并计算 CR 及 AVE 值。探索性因子分析结果表明，KMO 值为 0.870，说明 5 个题项之间具有共同性，适合进行因子分析。Bartlett 球形检验结果显著，检验值为 205.359，达到 0.001 显著水平（P < 0.001），因此拒绝虚无假设，具备提取公因子的条件。

表 6.10 创业自我效能量表的 KMO 和 Bartlett 球形检验

KMO 度量		0.870
Bartlett 球形检验	近似卡方	205.359
	df	10
	Sig.	0.000

注：N = 120。

利用主成分分析方式，采用正交旋转的最大变异法提取因子，共提取 1 个公因子，累计解释变异数达 71.283%，具有较好的建构效度。

验证性因子分析结果的指标中，χ^2/df 小于临界值 3，NFI、IFI、TLI、CFI 均大于 0.9。由于 RMSEA 对参数较少的模型较为敏感，RMSEA 略大于 0.05 的标准，小于 0.08 的标准，因而不能否定模型具有较好的拟合度（见表 6.11）。

表 6.11 创业自我效能量表的验证性因子分析结果

指标	χ^2	df	χ^2/df	NFI	IFI	TLI	CFI	RMSEA
数值	12.33	5	2.466	0.956	0.969	0.938	0.969	0.073

注：N = 121。

根据各因子标准化的因子载荷，获取创业自我效能量表的 CR 和 AVE 值，结果表明，CR、AVE 值均大于 0.5，量表具有较好的聚合效度（见表 6.12）。

表 6.12 创业自我效能量表的 CR 及 AVE 值

构念	编码	因子载荷	CR	AVE
创业自我效能	ESE1	0.741	0.902	0.648
	ESE2	0.814		
	ESE3	0.739		
	ESE4	0.853		
	ESE5	0.869		

注：N = 121。

6.2.2.2 自利性归因偏差量表

创业自我效能量表共包含 12 个题项，利用 N = 120 的数据进行 KMO 和 Bartlett 球形检验，进行探索性因子分析（见表 6.13）；利用 N = 121 的数据进行验证性因子分析，并计算 CR 及 AVE 值。探索性因子分析结果表明，KMO 值为 0.956，说明题项之间具有共同性，适合进行因子分析。Bartlett 球形检验结果显著，检验值为 334.512，达到 0.001 显著水平（P < 0.001），拒绝虚无假设，具备提取公因子的条件。

表 6.13 自利性归因偏差量表的 KMO 和 Bartlett 球形检验

KMO 度量		0.956
Bartlett 球形检验	近似卡方	334.512
	df	66
	Sig.	0.000

注：N = 120。

利用主成分分析方式，采用正交旋转的最大变异法提取因子，共提取 4 个公因子，累计解释变异数达 71.35%，具有较好的建构效度。

验证性因子分析结果的指标中，χ^2/df 小于临界值 3，NFI、IFI、TLI、CFI 均大于 0.9，RMSEA 小于 0.05，模型具有较好的拟合性（见表 6.14）。

表 6.14 自利性归因偏差量表的验证性因子分析结果

指标	χ^2	df	χ^2/df	NFI	IFI	TLI	CFI	RMSEA
数值	71.619	48	1.492	0.941	0.980	0.972	0.980	0.043

注：N = 121。

根据各因子标准化的因子载荷，获取自利性归因偏差量表的 CR 和 AVE 值，结果表明，CR、AVE 值均大于 0.5，量表具有较好的聚合效度（见表 6.15）。

表 6.15 自利性归因偏差量表的 CR 及 AVE 值

构念	编码	因子载荷	CR	AVE
自利性归因偏差	IP1	0.763	0.865	0.681
	IP2	0.846		
	IP3	0.863		
	EP1	0.810	0.876	0.701
	EP2	0.872		
	EP3	0.829		
	IN1	0.676	0.837	0.633
	IN2	0.860		
	IN3	0.838		
	EN1	0.841	0.866	0.684
	EN2	0.859		
	EN3	0.779		

注：N = 121。

6.2.2.3 情感承诺量表

情感承诺量表共包含 6 个题项，利用 N = 120 的数据进行 KMO 和 Bartlett 球形检验，进行探索性因子分析；利用 N = 121 的数据进行验证性因子分析，并计算 CR 及 AVE 值。探索性因子分析结果表明，KMO 值为 0.906，说明题项之间具有共同性，适合进行因子分析。Bartlett 球形检验结果显著，检验值为 318.567，达到 0.001 显著水平（P < 0.001），拒绝虚无假设，具备提取公因子的条件（见表 6.16）。

表 6.16 情感承诺量表的 KMO 和 Bartlett 球形检验

KMO 度量		0.906
Bartlett 球形检验	近似卡方	318.567
	df	15
	Sig.	0.000

注：N = 120。

利用主成分分析方式，采用正交旋转的最大变异法提取因子，共提取 1 个公因子，累计解释变异数达 68.692%，具有较好的建构效度。

验证性因子分析结果的指标中，χ^2/df 小于临界值 3，NFI、IFI、TLI、CFI 均大于 0.9，RMSEA 接近于临界值 0.05（见表 6.17）。考虑到参数较少对 RMSEA 的影响，参照其他指标，可以认为模型具有良好的拟合度。

表 6.17　情感承诺量表的验证性因子分析结果

指标	χ^2	df	χ^2/df	NFI	IFI	TLI	CFI	RMSEA
数值	11.887	9	1.321	0.968	0.992	0.986	0.992	0.052

注：N = 121。

根据各因子标准化的因子载荷，获取情感承诺量表的 CR 和 AVE 值，结果表明，CR、AVE 值均大于 0.5，量表具有较好的聚合效度（见表 6.18）。

表 6.18　情感承诺量表的 CR 及 AVE 值

构念	编码	因子载荷	CR	AVE
情感承诺	AC1	0.797	0.882	0.557
	AC2	0.692		
	AC3	0.716		
	AC4	0.794		
	AC5	0.793		
	AC6	0.752		

注：N = 121。

6.2.2.4　经验学习量表

经验学习量表共包含 9 个题项，利用 N = 120 的数据进行 KMO 和 Bartlett 球形检验，进行探索性因子分析；利用 N = 121 的数据进行验证性因子分析，并计算 CR 及 AVE 值。探索性因子分析结果表明，KMO 值为 0.929，题项之间具有共同性，适合进行因子分析。Bartlett 球形检验结果显著，检验值为 337.928，达到 0.001 显著水平（P < 0.001），拒绝虚无假设，具备提取公因子的条件（见表 6.19）。

表 6.19　经验学习量表的 KMO 和 Bartlett 球形检验

KMO 度量		0.929
Bartlett 球形检验	近似卡方	337.928
	df	36
	Sig.	0.000

注：N = 120。

利用主成分分析方式，采用正交旋转的最大变异法提取因子，共提取 2 个公因子，累计解释变异数达 62.193%，具有较好的建构效度。

验证性因子分析结果的指标中，χ^2/df 小于临界值 3，NFI、IFI、TLI、CFI 均大于 0.9，RMSEA 小于临界值 0.05，可以认为模型具有良好的拟合度（见表6.20）。

表 6.20　经验学习量表的验证性因子分析结果

指标	χ^2	df	χ^2/df	NFI	IFI	TLI	CFI	RMSEA
数值	31.733	26	1.222	0.956	0.992	0.988	0.992	0.042

注：N = 121。

根据各因子标准化的因子载荷，获取经验学习量表的 CR 和 AVE 值，结果表明，CR、AVE 值均大于 0.5，量表具有较好的聚合效度（见表6.21）。

表 6.21　经验学习量表的 CR 及 AVE 值

构念	编码	因子载荷	CR	AVE
知识获取	KA1	0.753	0.865	0.616
	KA2	0.824		
	KA3	0.730		
	KA4	0.827		
知识转化	KT1	0.703	0.885	0.607
	KT2	0.782		
	KT3	0.798		
	KT4	0.783		
	KT5	0.823		

6.2.2.5 创业机会开发量表

创业机会开发量表共包含 5 个题项，利用 N = 120 的数据进行 KMO 和 Bartlett 球形检验，进行探索性因子分析；利用 N = 121 的数据进行验证性因子分析，并计算 CR 及 AVE 值。结果表明，KMO 值为 0.862，题项之间具有共同性，适合进行因子分析。Bartlett 球形检验结果显著，检验值为 249.565，达到 0.001 显著水平（P < 0.001），拒绝虚无假设，具备提取公因子的条件（见表 6.22）。

表 6.22　创业机会开发量表的 KMO 和 Bartlett 球形检验

KMO 度量		0.862
Bartlett 球形检验	近似卡方	249.565
	df	10
	Sig.	0.000

注：N = 120。

利用主成分分析方式，采用正交旋转的最大变异法提取因子，共提取 1 个公因子，累计解释变异数达 64.092%，具有较好的建构效度。

验证性因子分析结果的指标中，χ^2/df 小于临界值 3，NFI、IFI、TLI、CFI 均大于 0.9。由于 RMSEA 对参数较少的模型较为敏感，RMSEA 略大于 0.05 的标准，小于 0.08 的标准，因而不能否定模型具有较好的拟合度（见表 6.23）。

表 6.23　创业机会开发量表的验证性因子分析结果

指标	χ^2	df	χ^2/df	NFI	IFI	TLI	CFI	RMSEA
数值	9.453	5	1.891	0.965	0.983	0.996	0.983	0.066

注：N = 121。

根据各因子标准化的因子载荷，获取创业机会开发量表的 CR 和 AVE 值，结果表明，CR、AVE 值均大于 0.5，量表具有较好的聚合效度（见表 6.24）。

表 6.24　创业机会开发量表的 CR 及 AVE 值

构念	编码	因子载荷	CR	AVE
连续创业机会开发	OE1	0.792	0.867	0.566
	OE2	0.768		
	OE3	0.745		
	OE4	0.707		
	OE5	0.746		

综上所述，从 Cronbach's α 的数值上，本章采用的量表具有良好的信度；根据各量表的探索性因子分析和验证性因子分析结果，量表具有较好的结构效度，根据 CR、AVE 结果，各量表具有较好的聚合效度，因此适于进一步分析。

6.2.3　共同方法偏差检验

共同方法偏差是来自测量方法的系统误差，指由于数据来源、环境、问卷本身等原因导致的变量之间共变现象。本章采用问卷调查的方式，对同一创业者发放问卷，容易导致变量间共变。应对共同方法偏差的方法可以分为程序控制和统计控制，前者针对问卷发放过程进行控制，如针对同一问卷访问不同对象、针对同一对象在不同时间访问，强调问卷的匿名性，减少模糊题项等。由于本章的问卷针对创业者个体发放，无法切换对象，且在不同时点发放问卷容易导致问卷回收率过低，因而在程序控制中采用强调匿名性、减少模糊性的方法，结合统计控制观察问卷的共同方法偏差程度。借鉴 Podsakoff（2003）等单因素检验的思想，对所有测量题项进行探索性因子分析，有因子解释力特别大（一般认定标准为因子解释力大于40%），则可判断存在严重的共同方法偏差。本章中对各题项进行探索性因子分析，在进行旋转之前共提炼出 9 个因子，解释总方差为24.9%，小于40%的界限，因此可以判定本章中的共同方法偏差问题并不影响最终结论。

6.3 相关分析

相关分析是回归分析的基础，只有验证变量之间相关才能进一步探索其关系的类型，同时相关分析也能够探求和判断回归方程的多重共线性问题。对于多题项变量分值的计算，均采用 Anderson 和 Gerbing（1988）提出的以各变量对应题项得分的算术平均值为变量最终得分。

从自变量与因变量之间的相关系数来看（见表 6.25），创业自我效能、自利性归因偏差、情感承诺与连续创业机会开发之间均表现出显著的正相关关系，相关系数分别为 0.587（P < 0.05）、0.462（P < 0.05）、0.636（P < 0.05）。从中介变量与因变量的相关系数来看，知识获取、知识转化与连续创业机会开发存在显著的正相关关系，相关系数为 0.617（P < 0.01）、0.655（P < 0.01）。从自变量与中介变量的相关系数来看，创业自我效能、自利性归因偏差、情感承诺与知识获取之间存在显著的正相关关系，相关系数分别为 0.519（P < 0.05）、0.416（P < 0.01）、0.507（P < 0.01），与知识转化之间存在显著的正相关关系，相关系数分别为 0.474（P < 0.05）、0.425（P < 0.05）、0.448（P < 0.01）。

表 6.25　各研究变量相关矩阵

		ESE	SSB	AC	KA	KT	OE
创业自我效能（ESE）	Pearson 相关性	1	0.314**	0.257**	0.519*	0.474*	0.587*
	显著性（双侧）		0.000	0.000	0.000	0.000	0.000
自利性归因偏差（SSB）	Pearson 相关性	0.314**	1	0.393**	0.416**	0.425*	0.462*
	显著性（双侧）	0.000		0.000	0.000	0.000	0.000
情感承诺（AC）	Pearson 相关性	0.257**	0.393**	1	0.507**	0.448**	0.636*
	显著性（双侧）	0.000	0.000		0.000	0.000	0.000
知识获取（KA）	Pearson 相关性	0.519*	0.416**	0.507**	1	0.589**	0.617**
	显著性（双侧）	0.000	0.000	0.000		0.000	0.000

续表

		ESE	SSB	AC	KA	KT	OE
知识转化 （KT）	Pearson 相关性	0. 474 *	0. 425 *	0. 448 **	589 **	1	0. 655 **
	显著性（双侧）	0. 000	0. 000	0. 000	0. 000		0. 000
连续创业 机会开发（OE）	Pearson 相关性	0. 587 *	0. 462 *	0. 636 *	0. 617 **	0. 655 **	1
	显著性（双侧）	0. 000	0. 000	0. 000	0. 000	0. 000	

注：*** 表示显著性水平 $P < 0.001$，** 表示显著性水平 $P < 0.01$，* 表示显著性水平 $P < 0.05$。

从变量之间的相关分析可知，两两变量之间存在显著相关关系，但仅简单的相关关系不能说明变量之间的关系实质，也不能判断是否有其他因素的影响，因而在相关分析基础上还应对各变量进行进一步回归分析。

6.4 假设检验

本章利用 SPSS 19.0 及 AMOS 17.0 进行回归分析、路径分析和结构方程模型分析，以对第 3 章提出的模型和第 4 章提出的各项假设进行验证。

6.4.1 创业认知与创业机会开发

创业认知与创业机会开发关系包含三个假设：假设 1 指出创业自我效能促进创业机会开发；假设 2 指出自利性归因偏差促进创业机会开发；假设 3 指出情感承诺促进创业机会开发。为了对此进行验证，本章构建了多元线性回归模型，采用进入法对因变量与控制变量、自变量进行最小二乘法估计。对于控制变量，创业次数、创业年限、创业规模为定序变量，未进行虚拟化处理；创业结果为类别变量，以"既有成功经历又有失败经历"为基准做虚拟化处理。表 6.26 具体展示了回归结果，模型 1 为四个控制变量（创业次数、创业年限、创业规模、创业结果）对创业机会开发的影响模型，模型 2 为考虑控制变量的情况下，创业认知与创业机会开发的回归模型，即自变量对因变量的主效应模型。

表 6.26 创业认知对创业机会开发的影响

变量		因变量：创业机会开发			
		模型 1		模型 2	
		β	Sig.	β	Sig.
常数项		3.450***	0.000	0.379***	0.000
控制变量	创业次数	0.124**	0.003	0.091**	0.002
	创业年限	0.030	0.448	0.005	0.740
	创业规模	−0.031*	0.649	0.17	0.455
	创业结果（成功）	0.272**	0.007	0.019	0.584
	创业结果（失败）	−0.475***	0.000	−0.204**	0.004
自变量	创业自我效能			**0.281*****	0.000
	自利性归因偏差			**0.210*****	0.000
	情感承诺			**0.413*****	0.000
R²		0.241		0.918	
调整 R²		0.225		0.915	
R² 变化		0.241		0.677	
F 值		14.949***		82.504***	
Durbin－Watson		2.161		2.161	

注：*** 表示显著性水平 P<0.001，** 表示显著性水平 P<0.01，* 表示显著性水平 P<0.05。

由回归结果可知，模型 1 和模型 2 的 F 值均在 0.001 水平下显著，模型 1 中调整后 R² 值为 0.225，调整后 R² 值达 0.915，能够解释因变量 91.5% 的变化。模型 1 中，创业次数、创业规模与失败的创业经历对创业机会开发有显著影响，在考虑控制变量的情况下，模型 2 显示创业认知对创业机会开发均具有显著的正向影响。创业自我效能对创业机会开发的回归系数为 0.281（模型 2：β=0.281，P<0.001），在 P 值小于 0.001 水平下显著，因此假设 1 "创业自我效能促进创业机会开发"得到验证。自利性归因偏差对创业机会开发的回归系数为 0.210（模型 2：β=0.210，P<0.001），在 P 值小于 0.001 水平下显著，因此假设 2 "自利性归因偏差有利于创业机会开发"得到验证。情感承诺对创业机会开发的回归系数为 0.413，模型 2：β=0.413，P<0.001），在 P 值小于 0.001 水平下显著，因此假设 3 "情感承诺有利于创业机会开发"得到验证。

在对结果的讨论中，多重共线性被认为是重要影响因素，如果自变量之间多重共线性较高可能导致参数被高估，进而影响结论的得出过程。多重共线性的诊断方法有两种：容差（Toli）和方差膨胀因子（VIF），容差越小或方程膨胀因子越大，变量间共线性越强，通常，容差大于 0.1，方差膨胀因子小于 10 即可认为变量间的多重共线性影响较小（Neter et al.，1985）。本章利用容差和方差膨胀因子进行多重共线性检验，结果表明，模型 1、模型 2 容差均在 0.3 ~ 0.9 的范围，大于 0.1 的界限，方差膨胀因子均在 1 ~ 4 的范围，小于 10 的界限，均在可接受范围之内，可以判断模型不存在多重共线性（见表 6.27）。

表 6.27　模型 1 和模型 2 的多重共线性检验

变量		模型 1		模型 2	
		容差	方差膨胀因子	容差	方差膨胀因子
控制变量	创业次数	0.844	1.185	0.808	1.237
	创业年限	0.611	1.638	0.581	1.722
	创业规模	0.640	1.562	0.629	1.589
	创业结果（成功）	0.858	1.166	0.816	1.225
	创业结果（失败）	0.817	1.225	0.726	1.378
自变量	创业自我效能			0.341	2.931
	自利性归因偏差			0.367	3.742
	情感承诺			0.351	2.851

除多重共线性之外，序列相关性也可能对结果产生影响。序列相关指不同期样本之间的相关关系，通常采用 Durbin – Watson 统计量进行检验，该统计量接近于 2 则被认为不存在严重的序列相关问题。本章的 Durbin – Watson 统计量为 2.161，在合理的范围之内，因此可以认为不存在严重的序列相关问题。

综上所述，在考虑控制变量的情况下，由主效应的回归模型（模型 2）结果可知，创业自我效能、自利性归因偏差与情感承诺对创业机会开发具有显著的正向影响，因而假设 1、假设 2、假设 3 均得到验证。

6.4.2　经验学习与创业机会开发

为验证本书的"假设 4：经验学习促进创业机会开发""假设 4a：知识获取促

进创业机会开发""假设4b：知识转化促进创业机会开发"，利用进入法，在考虑控制变量的基础上，对因变量与经验学习（模型3）、因变量与知识获取、知识转化（模型4）分别进行回归分析。模型3、模型4的回归结果如表6.28所示。

表6.28　经验学习对创业机会开发的影响

变量		因变量：创业机会开发			
		模型3		模型4	
		β	Sig.	β	Sig.
常数项		0.248*	0.021	0.255*	0.014
控制变量	创业次数	0.003	0.858	0.002	0.896
	创业年限	0.004	0.845	0.003	0.894
	创业规模	0.028	0.294	0.019	0.452
	创业结果（成功）	0.039	0.336	0.039	0.324
	创业结果（失败）	−0.249***	0.000	−0.248***	0.000
自变量	经验学习	**0.920***	0.000		
	知识获取			**0.574***	0.000
	知识转化			**0.353***	0.000
R^2		0.879		0.888	
调整 R^2		0.876		0.885	
R^2 变化		0.638		0.647	
F 值		133.608***		114.255***	
Durbin−Watson		1.899		1.957	

注：***表示显著性水平 $P < 0.001$，**表示显著性水平 $P < 0.01$，*表示显著性水平 $P < 0.05$。

由回归结果，以经验学习为自变量，以创业机会开发为因变量，模型3的 F 值在 0.001 水平下显著，调整后 R^2 值为 0.876，能够解释因变量87.6%的变化。以知识获取、知识转化为自变量，以创业机会开发为因变量，模型4的 F 值在 0.001 水平下显著，调整后 R^2 变化与模型3接近。模型3结果显示，经验学习对创业机会开发具有显著影响，考虑控制变量的情况下，经验学习对创业机会开发的回归系数为 0.920（模型3：$\beta = 0.920$，$P < 0.001$），在 P 值小于 0.001 水平上显著。模型4结果显示，知识获取、知识转化对创业机会开发具有显著影响，考虑控制变量的情况下，知识获取对创业机会开发的回归系数为 0.574（模型4：

$\beta = 0.574$，$P < 0.001$），在 P 值小于 0.001 水平上显著；知识转化对创业机会开发的回归系数为 0.353（模型 4：$\beta = 0.353$，$P < 0.001$），在 P 值小于 0.001 水平上显著。因而，经验学习对创业机会开发具有显著的正向影响。

利用模型 3、模型 4 中的容差和方差膨胀因子进行多重共线性检验，各容差均在 $0.35 \sim 0.9$ 的范围，大于 0.1 的界限；方差膨胀因子均在 $1 \sim 4$ 范围，小于 10 的界限，因此模型不存在多重共线性（见表 6.29）。模型 3 和模型 4 的 Durbin – Watson 值为 1.899、1.957，接近于 2，因而不存在严重的序列相关问题。

表 6.29　模型 3、模型 4 的多重共线性检验

变量		模型 3		模型 4	
		容差	方差膨胀因子	容差	方差膨胀因子
控制变量	创业次数	0.810	1.235	0.810	1.235
	创业年限	0.609	1.641	0.608	1.644
	创业规模	0.638	1.569	0.634	1.578
	创业结果（成功）	0.835	1.197	0.835	1.197
	创业结果（失败）	0.727	1.376	0.727	1.376
自变量	经验学习	0.748	1.337		
	知识获取			0.396	3.381
	知识转化			0.398	3.352

综上所述，根据模型 3 和模型 4 的回归结果，经验学习及其知识获取、知识转化维度对创业机会开发具有显著的正向影响，因而假设 4 及假设 4a、假设 4b 得到验证。

6.4.3　经验学习的中介作用

中介变量是统计学中的重要概念，用于解释自变量对因变量的影响机制，从而对自变量与因变量之间的作用过程进行更为深入的探索。对于中介作用的验证，Baron 和 Kenny（1986）提出了三步回归法：第一，自变量与因变量的关系显著，其系数为 β_1；第二，自变量与中介变量关系显著，其系数为 β_2；第三，自变量与中介变量同时列入考虑，测量两者与因变量的关系，此时中介变量与因

变量之间的关系应显著，若同时自变量与因变量的关系不显著，则完全中介效应成立；若同时自变量与因变量的关系显著，且系数 β_3 低于 β_1，则部分中介效应成立，如表 6.30 所示。

表 6.30　中介变量的分析步骤

步骤	变量类型		β 值	成立条件
1	自变量	因变量	β_1	β_1 应显著
2	自变量	中介变量	β_2	β_2 应显著
3	自变量 中介变量	因变量	β_3 β_4	①β_4 应显著；②$\beta_1 > \beta_3$；③β_3 显著为部分中介，β_3 不显著为完全中介

资料来源：Baron R M, Kenny D A. The moderator – mediator variable distinction in social psychological research: Conceptual, strategic and statistical considerations [J]. Journal of Personality and Social Psychology, 1986 (51): 1173 – 1182.

根据上述方法，温忠麟等（2004，2012）通过深入研究，更为细致地介绍了中介效应检验的具体步骤，认为在各个变量中心化后，利用层级回归进行检验可观测中间变量的完全中介或部分中介作用。根据图 6.1 的示意，首先检验自变量 X 对因变量 Y 的直接效应系数 c，c 显著说明 X 对 Y 具有显著影响，才能进一步考虑中介变量 M 的作用；其次检验自变量 X 对中介变量 M 的系数 a、中介变量 M 对因变量 Y 的系数 b，如果 a 和 b 都显著，说明 X 对 Y 的影响至少有一部分是通过中介变量 M 实现的；检验在有中介变量 M 的条件下 X 对 Y 的系数 c'，若 c' 不显著，则说明 X 对 Y 的全部影响通过中介变量 M 实现，此时中介变量 M 起完全中介的作用；若 c' 显著，则说明 X 对 Y 的影响只有一部分通过中介变量 M 实现，即中介变量 M 起部分中介作用。

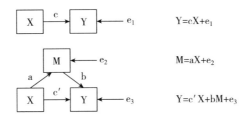

图 6.1　中介变量示意图

资料来源：温忠麟，刘红云，侯杰泰. 调节效应和中介效应分析 [M]. 北京：教育科学出版社，2012.

根据中介作用的验证过程（见图6.2），对于经验学习中介作用的检验分为三个步骤：首先，检验创业认知对于创业机会开发的主效应；其次，检验创业认知对于经验学习的影响；最后，将经验学习与创业认知共同放入回归模型中，观察各自显著性及经验学习系数的变化。在本研究中，第一个步骤已经通过模型2实现，创业认知对创业机会开发具有显著的正向影响。

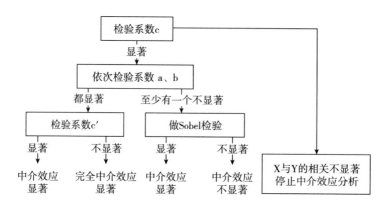

图6.2　中介效应检验程序

资料来源：温忠麟，刘红云，侯杰泰. 调节效应和中介效应分析［M］. 北京：教育科学出版社，2012.

对此，本章构建了模型5、模型6、模型7，用于检验创业认知与经验学习之间关系的显著性。模型5中以创业自我效能、自利性归因偏差、情感承诺为自变量，以经验学习为因变量。为探索经验学习各维度的中介作用，首先利用模型6、模型7检验创业认知对知识获取、知识转化的影响。模型6以创业自我效能、自利性归因偏差、情感承诺为自变量，以经验学习的知识获取为因变量；模型7以创业自我效能、自利性归因偏差、情感承诺为自变量，以经验学习中的知识转化为因变量。以上模型用于检验"假设5：创业自我效能正向影响经验学习""假设5a：创业自我效能正向影响知识获取""假设5b：创业自我效能正向影响知识转化""假设6：自利性归因偏差正向影响经验学习""假设6a：自利性归因偏差正向影响知识获取""假设6b：自利性归因偏差正向影响知识转化""假设7：情感承诺正向影响创业学习""假设7a：情感承诺正向影响知识获取""假设7b：情感承诺正向影响知识转化"。采用进入法对上述模型进行最小二乘估计，结果如表6.31所示。

表 6.31　创业认知对经验学习的影响

变量		因变量：经验学习		因变量：知识获取		因变量：知识转化	
		模型 5		模型 6		模型 7	
		β	Sig.	β	Sig.	β	Sig.
常数项		0.465 ***	0.000	0.163	0.160	0.707 ***	0.000
控制变量	创业次数	0.008	0.635	0.002	0.907	0.012	0.618
	创业年限	0.003	0.843	0.014	0.437	− 0.005	0.834
	创业规模	0.018	0.478	0.017	0.547	− 0.046	0.234
	创业结果（成功）	0.001	0.987	0.020	0.640	0.017	0.774
	创业结果（失败）	− 0.051	0.195	− 0.019	0.662	− 0.077	0.196
自变量	创业自我效能	**0.300 *****	0.000	**0.327 ***	0.018	**0.278 ****	0.003
	自利性归因偏差	**0.375 ***	0.036	0.135	0.294	**0.407 *****	0.000
	情感承诺	**0.413 *****	0.000	**0.476 *****	0.000	**0.362 *****	0.000
R^2		0.889		0.880		0.769	
调整 R^2		0.885		0.875		0.761	
R^2 变化		0.637		0.644		0.539	
F 值		82.612 ***		96.435 ***		40.717 ***	
Durbin – Watson		1.820		1.876		1.855	

注：***表示显著性水平 $P < 0.001$，**表示显著性水平 $P < 0.01$，*表示显著性水平 $P < 0.05$。

由回归结果可知，模型 5 的 F 值在 0.001 的水平上显著，调整后 R^2 为 0.885，能够解释经验学习 88.5% 的变化。模型 6 的 F 值在 0.001 的水平上显著，调整后 R^2 为 0.875，能够解释经验学习 87.5% 的变化。模型 7 的 F 值在 0.001 的水平上显著，调整后 R^2 为 0.761，能够解释经验学习 76.1% 的变化。

模型 5 的回归结果表明，创业认知与经验学习的关系显著。创业自我效能对经验学习的回归系数为 0.300（模型 5：β = 0.300，$P < 0.001$），在 P 值小于 0.001 水平下显著；自利性归因偏差对经验学习的回归系数为 0.375（模型 5：β = 0.375，$P < 0.05$），在 P 值小于 0.05 水平下显著；情感承诺对经验学习的回归系数为 0.413（模型 5：β = 0.413，$P < 0.001$），在 P 值小于 0.001 水平下显著。

模型 6 的回归结果表明，创业认知与知识获取的关系部分显著。创业自我效能对知识获取的回归系数为 0.327（模型 6：β = 0.327，$P < 0.05$），在 P 值小于 0.05 水平下显著；自利性归因偏差对知识获取的回归结果并不显著；情感承诺

对经验学习的回归系数为 0.476（模型 6：$\beta = 0.476$，$P < 0.001$），在 P 值小于 0.001 水平下显著。

模型 7 的回归结果表明，创业认知与知识获取的关系显著。创业自我效能对知识转化的回归系数为 0.278（模型 7：$\beta = 0.278$，$P < 0.01$），在 P 值小于 0.01 水平下显著；自利性归因偏差对知识转化的回归系数为 0.407（模型 7：$\beta = 0.407$，$P < 0.001$），在 P 值小于 0.001 水平下显著；情感承诺对经验学习的回归系数为 0.362（模型 7：$\beta = 0.362$，$P < 0.001$），在 P 值小于 0.001 水平下显著。

根据上述结果，创业自我效能对经验学习及其各个维度有显著影响，因而假设 5、假设 5a、假设 5b 成立。自利性归因偏差对知识转化具有显著作用，因而对于经验学习表现出显著影响；然而自利性归因偏差对知识获取的作用并不显著，因而假设 6 部分成立：假设 6a 不成立、假设 6b 成立。情感承诺对经验学习及其各个维度具有显著影响，因而假设 7、假设 7a、假设 7b 成立。

通过检查模型 5、模型 6、模型 7 的容差和方差膨胀因子可知，容差集中在 0.3 ~ 0.9 的范围，大于 0.1 的临界值；方差膨胀因子集中在 1 ~ 4 的范围，小于 10 的临界值，因此模型 5、模型 6、模型 7 不存在多重共线性（见表 6.32）。同时，回归结果显示模型的 Durbin – Watson 分别为 1.820、1.876、1.855，因此模型 5、模型 6、模型 7 均不存在严重的序列相关问题。

表 6.32　模型 5、模型 6、模型 7 的多重共线性检验

变量		模型 5		模型 6		模型 7	
		容差	方差膨胀因子	容差	方差膨胀因子	容差	方差膨胀因子
控制变量	创业次数	0.808	1.237	0.808	1.237	0.808	1.237
	创业年限	0.581	1.722	0.581	1.722	0.581	1.722
	创业规模	0.629	1.589	0.629	1.589	0.629	1.589
	创业结果（成功）	0.816	1.225	0.816	1.225	0.816	1.225
	创业结果（失败）	0.726	1.378	0.726	1.378	0.726	1.378
自变量	创业自我效能	0.341	2.931	0.341	2.931	0.341	2.931
	自利性归因偏差	0.367	3.742	0.367	3.742	0.367	3.742
	情感承诺	0.351	2.851	0.351	2.851	0.351	2.851

上述研究完成了对中介变量检验的第一步和第二步，本章通过建立模型8、模型9、模型10进行第三步检验，即观察自变量与中介变量同时存在时，自变量对因变量的系数值。模型8将自变量创业认知和中介变量经验学习同时对创业机会开发进行回归，以检验经验学习的中介作用；模型9将自变量创业认知和中介变量的知识获取维度对创业机会开发进行回归，以检验知识获取维度的中介作用；模型10将自变量创业认知和中介变量的知识转化维度对创业机会开发进行回归，以检验知识转化维度的中介作用。以上模型也是对下列假设的检验：假设8：经验学习在创业自我效能与创业机会开发中起中介作用；假设8a：知识获取在创业自我效能与创业机会开发中起中介作用；假设8b：知识转化在创业自我效能与创业机会开发中起中介作用；假设9：经验学习在自利性归因偏差与创业机会开发中起中介作用；假设9a：知识获取在自利性归因偏差与创业机会开发中起中介作用；假设9b：知识转化在自利性归因偏差与创业机会开发中起中介作用；假设10：经验学习在情感承诺与创业机会开发中起中介作用；假设10a：知识获取在情感承诺与创业机会开发中起中介作用；假设10b：知识转化在情感承诺与创业机会开发中起中介作用。采用进入法对上述模型进行最小二乘估计，结果如表6.33所示。

表6.33　经验学习的中介作用检验

变量		因变量：创业机会开发					
		模型8		模型9		模型10	
		β	Sig.	β	Sig.	β	Sig.
常数项		0.235 **	0.009	0.350 *	0.035	0.258 **	0.005
控制变量	创业次数	0.005	0.706	0.003	0.832	0.007	0.728
	创业年限	0.004	0.780	0.002	0.870	0.006	0.678
	创业规模	0.022	0.284	0.022	0.505	0.025	0.248
	创业结果（成功）	0.019	0.562	0.022	0.945	0.016	0.630
	创业结果（失败）	−0.174 **	0.005	−0.193 **	0.006	−0.179 **	0.004
自变量	创业自我效能	**0.188 *****	0.000	**0.224 *****	0.000	**0.233 *****	0.000
	自利性归因偏差	**0.156 ***	0.038	**0.186 ***	0.049	**0.175 *****	0.000
	情感承诺	**0.286 *****	0.000	**0.330 *****	0.000	**0.351 *****	0.000

变量		因变量：创业机会开发					
		模型 8		模型 9		模型 10	
		β	Sig.	β	Sig.	β	Sig.
中介变量	经验学习	**0.310** *	0.023				
	知识获取			**0.176** **	0.001		
	知识转化					**0.172** ***	0.000
R^2		0.928		0.922		0.925	
调整 R^2		0.926		0.919		0.922	
R^2 变化		0.687		0.680		0.684	
F 值		108.948 ***		78.851 ***		109.859 ***	
Durbin – Watson		2.103		2.194		2.084	

注：*** 表示显著性水平 $P < 0.001$，** 表示显著性水平 $P < 0.01$，* 表示显著性水平 $P < 0.05$。

由回归结果，模型 8 的 F 值在 0.001 水平下显著，调整后 R^2 为 0.926，能够解释连续创业机会识别 92.6% 的变化；模型 9 的 F 值在 0.001 水平下显著，调整后 R^2 为 0.919，能够解释连续创业机会识别 91.9% 的变化；模型 10 的 F 值在 0.001 水平下显著，调整后 R^2 为 0.922，能够解释连续创业机会识别 92.2% 的变化。

在模型 8 的回归结果中，经验学习对创业机会开发的系数显著（模型 8：β = 0.310，$P < 0.05$），因而可以对经验学习的中介作用进行进一步验证。对于创业自我效能变量，在模型 8 中对创业机会开发的回归系数为 0.188（模型 8：β = 0.188，$P < 0.001$），而根据模型 2，在创业认知与创业机会开发的回归模型中，创业自我效能的回归系数为 0.281，由此可见，在加入中介变量经验学习之后，创业自我效能的回归系数变小（0.188 < 0.281），且经验学习对因变量的回归系数显著，经验学习在创业自我效能与创业机会开发中起部分中介作用。对于自利性归因偏差变量，在模型 8 中对创业机会开发的回归系数为 0.156（模型 8：β = 0.156，$P < 0.05$），而根据模型 2，在创业认知与创业机会开发回归模型中，自利性归因偏差的回归系数为 0.210，由此，在加入中介变量经验学习之后，自利性归因偏差的回归系数变小（0.156 < 0.210），且经验学习对因变量的回归系数显著，经验学习在自利性归因偏差与创业机会开发中起部分中介作用。对于情感

承诺变量，在模型8中对创业机会开发回归系数为0.286（模型8：β = 0.286，P < 0.01），而根据模型2，在创业认知与创业机会开发的回归模型中，情感承诺的回归系数为0.413，由此可见，在加入中介变量经验学习之后，情感承诺的回归系数变小（0.286 < 0.413），且经验学习对因变量的回归系数显著，由此，经验学习在情感承诺与创业机会开发中起部分中介作用。

在模型9的回归结果中，知识获取对创业机会开发的系数显著（模型9：β = 0.176，P < 0.01）。对于创业自我效能变量，在模型9中对创业机会开发的回归系数为0.224（模型9：β = 0.224，P < 0.001），小于模型2中的回归系数（0.224 < 0.281），因而知识获取在创业自我效能与创业机会开发中起部分中介作用。对于情感承诺变量，在模型9中对创业机会开发的回归系数为0.330（模型9：β = 0.330，P < 0.001），小于模型2中的回归系数（0.330 < 0.413），因此知识获取在情感承诺与创业机会开发中起部分中介作用。由于模型6中自利性归因偏差对知识获取的影响不显著，因而知识获取在自利性归因偏差与创业机会开发中不能起中介作用。

在模型10的回归结果中，知识转化对创业机会开发的系数显著（模型10：β = 0.172，P < 0.001）。对于创业自我效能变量，在模型10中对创业机会开发的回归系数为0.233（模型10：β = 0.233，P < 0.001），小于模型2中的回归系数（0.233 < 0.281），因而知识转化在创业自我效能与创业机会开发中起部分中介作用。对于自利性归因偏差变量，在模型10中对创业机会开发的回归系数为0.175（模型10：β = 0.175，P < 0.001），小于模型2中的回归系数（0.175 < 0.210），因此知识转化在自利性归因偏差与创业机会开发中起部分中介作用。对于情感承诺变量，在模型10中对创业机会开发的回归系数为0.351（模型10：β = 0.351，P < 0.001），小于模型2中的回归系数（0.351 < 0.413），因此知识转化在情感承诺与创业机会开发中起部分中介作用。

根据上述结果，经验学习及其各个维度在创业自我效能与创业机会开发之间起部分中介作用，因而假设8及假设8a、假设8b成立；经验学习在自利性归因偏差与创业机会开发之间起部分中介作用，其中知识获取的中介作用不显著，知识转化的中介作用显著，因而假设9a不成立，假设9b成立，因而假设9部分成立；经验学习及其各个维度在情感承诺与创业机会开发之间起部分中介作用，因而假设10及假设10a、假设10b成立。

由于模型中自变量对中介变量产生影响，因而，模型8、模型9、模型10中相对应的经验学习、知识获取、知识转化的容差和方差膨胀因子接近于临界值0.1和10，除此之外，其余变量的容差集中在0.3~0.9的范围，大于0.1的临界值；方差膨胀因子集中在1~5的范围，小于10的临界值（见表6.34）。同时，模型的 Durbin – Watson 分别为2.103、2.194、2.084，因此模型不存在严重的序列相关问题。

表6.34 模型8、模型9、模型10的多重共线性检验

变量		模型8		模型9		模型10	
		容差	方差膨胀因子	容差	方差膨胀因子	容差	方差膨胀因子
控制变量	创业次数	0.807	1.238	0.808	1.237	0.807	1.239
	创业年限	0.581	1.722	0.579	1.726	0.581	1.722
	创业规模	0.628	1.592	0.628	1.591	0.626	1.598
	创业结果（成功）	0.816	1.225	0.816	1.226	0.816	1.225
	创业结果（失败）	0.72	1.388	0.725	1.379	0.720	1.388
自变量	创业自我效能	0.344	4.092	0.343	4.110	0.397	3.368
	自利性归因偏差	0.337	4.222	0.351	3.986	0.348	4.036
	情感承诺	0.321	4.528	0.310	4.754	0.393	3.417
中介变量	经验学习	0.151	8.989				
	知识获取			0.120	8.308		
	知识转化					0.231	4.323

综上所述，在经验学习的中介作用检验中，模型5、模型6、模型7考察了创业认知对经验学习及其各维度的影响，研究表明，创业自我效能和情感承诺对经验学习及各维度作用显著，自利性归因偏差对知识获取作用不显著，对知识转化作用显著，因此假设5及假设5a、假设5b，假设6b，假设7及假设7a、假设7b成立，假设6a不成立。为进一步探索经验学习的中介作用，模型8、模型9、模型10构建了自变量与中介变量对因变量的回归过程，研究表明，经验学习及其各个维度分别对创业自我效能、情感承诺与创业机会开发具有显著的部分中介作

用，知识转化对应自利性归因偏差与创业机会开发之间的中介作用显著，而知识获取对于自利性归因偏差与创业机会开发之间的中介作用并不显著，因此假设 8 及假设 8a、假设 8b，假设 9b，假设 10 及假设 10a、假设 10b 成立，假设 9a 不成立。

6.5 路 径 分 析

利用 Amos 17.0 统计软件对创业认知对连续创业决策的影响路径进行分析，从整体角度对理论模型进行验证。

首先对模型的适配度进行评估，从而判断模型的解释能力，采用模型整体拟合度相关指标进行判断，具体而言包括 χ^2 值、df 值（自由度）、χ^2/df（卡方自由度比值）、GFI（拟合优度）、AGFI（调整拟合优度）、RMR（残差均方和平方根）、RMSEA（近似残差均方根）绝对指标、NFI（标准拟合指标）、RFI（相对拟合指数）、CFI（比较拟合指数）、PGFI（简约优度拟合指数）相对指标以及部分节俭调整指数，各指标的评价标准如表 6.35 所示。

表 6.35 结构方程模型拟合指标及评价标准

拟合指标	评价标准
χ^2 值、P 值	χ^2 值越小越好，P > 0.05 表示接受虚无假设，拟合良好
df	自由度越大越好
χ^2/df	越接近于 1 越好，一般认为小于 3 时模型拟合较好
GFI	越接近于 1，模型拟合效果越好，通常采用 GFI > 0.9
AGFI	越接近于 1，模型拟合效果越好，通常采用 AGFI > 0.9
RMR	越接近于 0，模型拟合效果越好，通常采用 RMR < 0.05
RMSEA	越接近于 0，模型拟合效果越好，通常采用 RMSEA < 0.05
NFI	越接近于 1，模型拟合效果越好，通常采用 NFI > 0.9
RFI	越接近于 1，模型拟合效果越好，通常采用 RFI > 0.9
CFI	越接近于 1，模型拟合效果越好，通常采用 CFI > 0.9
PGFI	越接近于 1，模型拟合效果越好，通常采用 PGFI > 0.5

资料来源：吴明隆. 结构方程模型——AMOS 的操作与应用［M］. 重庆：重庆大学出版社，2009.

然而，上述模型拟合度评价标准仍存在一定争议，如温忠麟等（2004）指出，χ^2 检验会随着样本容量的增加而不断增大，导致拟合度较好的模型会被误拒，因而应突破 P 值为 0.05 的限制，以减少误拒风险。温忠麟认为，相对 χ^2 检验而言，卡方自由度比值更具有参考意义。此外，也有学者认为，当模型理论复杂时，多数拟合指标达到标准即可，少数指标与拟合标准存在差距可以接受（Bagozzi & Yi，1988）。本章中，结构方程模型拟合指标值如表 6.36 所示。

表 6.36　结构方程模型拟合结果

拟合指标	拟合值	拟合情况
χ^2 值	447. 168	结合自由度进行判断
P 值	0.061	大于 0.05，拟合较好
df	359	结合 χ^2 值进行判断
χ^2/df	1.246	接近于 1，拟合较好
GFI	0.928	大于 0.9，拟合较好
AGFI	0.903	大于 0.9，拟合较好
RMR	0.021	小于 0.05，拟合较好
RMSEA	0.032	小于 0.05，拟合较好
NFI	0.930	大于 0.9，拟合较好
RFI	0.921	大于 0.9，拟合较好
CFI	0.985	大于 0.9，拟合较好
PGFI	0.735	大于 0.5，较为理想

在模型的拟合指标中，χ^2 检验的 P 值大于 0.05，说明路径图与实际数据不一致的可能性较小，匹配良好。然而 χ^2 值为 447.168，数值较大，由于卡方值对受试样本量非常敏感，样本数量越大，χ^2 数值越大，也越容易达到显著。吴明隆（2009）指出，样本量在 200 以上时，整体模型是否适配应当再参考其他适配度指标。结合自由度，得出卡方自由度比为 1.246，小于 2 且较为接近 1，说明假设模型与样本契合度可以接受。

在模型的拟合指标中，绝对指标的 GFI 和 AGFI 分别为 0.928 和 0.903，数值高于 0.9，说明理论建构复制矩阵能够解释样本数据的观察矩阵的变异量，两者契合度高。相对指标中 NFI、RFI、CFI 分别为 0.930、0.912、0.985，各指标均高于 0.9，表明假设模型与基准线模型具有良好的适配度。从残差角度，RMR、RM-SEA 分别为 0.021、0.032，数值均小于 0.05，说明样本数据的方差协方差矩阵与理论模型的方差协方差矩阵差异较小，模型能够较好地反映数据。从简约性方面，PGFI 数值为 0.735，大于 0.5，说明模型简约性较好，间接说明模型拟合度较好。

总体而言，模型拟合度较高，理论模型与样本数据适配。χ^2 检验数值较大等问题可通过 AMOS 提供的修正指标对模型进行修正，修正指数越大，改变相关参数对模型的改进越大。本章中，各参数的修正指数（MI）较小（均小于 8），且考虑到参数的增减带来模型精简度与适配度的此消彼长（吴明隆，2009），以及对模型参数而言，模型修正的实际意义并不大，因而不对模型进行进一步修正和改进。验证结果及模型的路径如表 6.37、图 6.3 所示。

表 6.37　结构方程模型验证结果

作用路径	非标准化路径系数	标准化路径系数	标准差 SE	临界比 CR	显著性 P	验证结果
创业自我效能→机会开发	0.156	0.192	0.047	3.319	0.012	成立
自利性归因偏差→机会开发	0.101	0.137	0.042	2.384	0.023	成立
情感承诺→机会开发	0.210	0.221	0.056	3.703	0.007	成立
知识获取→机会开发	0.177	0.184	0.035	5.057	0.000	成立
知识转化→机会开发	0.162	0.171	0.042	3.857	0.003	成立
创业自我效能→知识获取	0.277	0.293	0.036	7.680	0.000	成立
创业自我效能→知识转化	0.214	0.236	0.048	4.458	0.000	成立
自利性归因偏差→知识获取	0.007	0.011	0.053	0.138	0.890	不成立
自利性归因偏差→知识转化	0.389	0.414	0.093	4.183	0.000	成立
情感承诺→知识获取	0.568	0.596	0.072	7.862	0.000	成立
情感承诺→知识转化	0.432	0.459	0.081	5.332	0.000	成立

根据上述结构方程模型结果及路径图，除自利性归因偏差与知识获取的路径假设不成立之外，其余假设路径均成立。

外因变量"创业自我效能"对中介变量"知识获取"的直接效果值为 0.29，对中介变量"知识转化"的直接效果值为 0.23，对内因变量"创业机会开发"的直接效果值为 0.19；而"创业自我效能"对"创业机会开发"的间接效果值

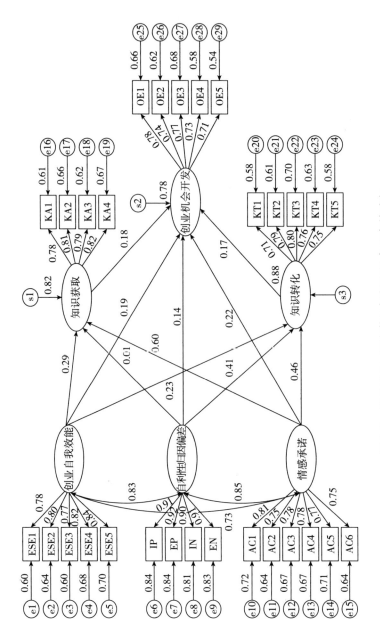

图 6.3 创业认知、经验学习与创业机会开发的路径

包括创业自我效能→知识获取→创业机会开发、创业自我效能→知识转化→创业机会开发，因而总间接效果为 $0.29 \times 0.18 + 0.23 \times 0.17 = 0.09$。

外因变量"自利性归因偏差"对中介变量"知识转化"的直接效果值为 0.41，对内因变量"创业机会开发"的直接效果值为 0.14；而"自利性归因偏差"对"创业机会开发"的间接效果值为自利性归因偏差→知识转化→创业机会开发，间接效果为 $0.41 \times 0.17 = 0.07$。

外因变量"情感承诺"对中介变量"知识获取"的直接效果值为 0.60，对中介变量"知识转化"的直接效果值为 0.46，对内因变量"创业机会开发"的直接效果值为 0.22；而"情感承诺"对"创业机会开发"的间接效果值包括情感承诺→知识获取→创业机会开发、情感承诺→知识转化→创业机会开发，因而总间接效果为 $0.60 \times 0.18 + 0.46 \times 0.17 = 0.19$。

创业自我效能、自利性归因偏差、情感承诺对创业机会开发各自的总效果为直接效果与间接效果之和，如表 6.38 所示。

表 6.38 路径分析结果

路径	直接效果	间接效果	总效果
创业自我效能→机会开发	0.19	0.09	0.28
自利性归因偏差→机会开发	0.14	0.07	0.21
情感承诺→机会开发	0.22	0.19	0.41

6.6 本章小结

在模型提出、数据收集的基础上，本章依据实证研究的范式对模型进行验证。首先，问卷通过了信度和效度检测，并且没有受到明显的共同方法偏差影响。其次，利用回归分析对创业认知对创业机会开发、经验学习对创业机会开发、创业认知对经验学习及经验学习的中介作用进行验证。变量间的路径分析清晰地展示了创业认知、经验学习、创业机会开发的影响路径大小。实证结果如表

6.39 所示，在下一章中将对实证结果进行深入讨论。

表 6.39　实证检验结果汇总

	假设	结果
H1	创业自我效能→创业机会开发	成立
H2	自利性归因偏差→创业机会开发	成立
H3	情感承诺→创业机会开发	成立
H4	经验学习→创业机会开发	成立
H4a	知识获取→创业机会开发	成立
H4b	知识转化→创业机会开发	成立
H5	创业自我效能→经验学习	成立
H5a	创业自我效能→知识获取	成立
H5b	创业自我效能→知识转化	成立
H6	自利性归因偏差→经验学习	部分成立
H6a	自利性归因偏差→知识获取	不成立
H6b	自利性归因偏差→知识转化	成立
H7	情感承诺→经验学习	成立
H7a	情感承诺→知识获取	成立
H7b	情感承诺→知识转化	成立
H8	经验学习中介创业自我效能与创业机会开发	成立
H8a	知识获取中介创业自我效能与创业机会开发	成立
H8b	知识转化中介创业自我效能与创业机会开发	成立
H9	经验学习中介自利性归因偏差与创业机会开发	部分成立
H9a	知识获取中介自利性归因偏差与创业机会开发	不成立
H9b	知识转化中介自利性归因偏差与创业机会开发	成立
H10	经验学习中介情感承诺与创业机会开发	成立
H10a	知识获取中介情感承诺与创业机会开发	成立
H10b	知识转化中介情感承诺与创业机会开发	成立

7 创业认知、经验学习与机会开发模型的结果讨论

创业者自身因素的差异影响其创业的持续性和坚持，体现为连续创业行为的差异。创业认知和经验学习是塑造创业者特质的重要过程，本章借鉴相关理论，在对计划行为理论进行深入分析的基础上建立了创业认知、经验学习与创业机会开发行为的关系模型，首先探究了创业认知对创业机会开发行为产生的影响；其次从创业知识视角对经验学习过程进行深入分析，探索了经验学习对创业机会开发的影响及其在创业认知与创业行为之间的中介作用。通过问卷调查和实证分析，本章对模型中的相关假设进行了验证，结果表明，多数假设获得支持，然而少量假设尚未得到验证。本章将对假设的验证结果进行深入讨论。

7.1 创业认知对创业机会开发行为的影响分析

根据创业认知学派的观点，创业者特殊的认知、思维模式是决定其行为的内在原因（Venkataraman et al.，2012），但是对于关键认知因素和具体作用过程还有待于深入研究。为了探索创业认知对创业者后续行为的影响，以计划行为理论为基础，对创业自我效能、自利性归因偏差、情感承诺与创业机会开发行为的关系进行研究，分别对应假设1、假设2、假设3。实证分析结果表明，三个假设均得到证实，即创业自我效能、自利性归因偏差、情感承诺对于创业机会开发行为

均具有显著的正向影响。该结果在以下四个方面为创业认知学派的观点提供了支持。

7.1.1 创业自我效能对机会开发行为的影响

创业自我效能被认为是区别于创业者与非创业者的最重要的认知因素（Chen et al.，1998），并且创业者往往体现出较高的创业自我效能（Baron et al.，2016）。现有文献中，有关于创业自我效能与创业机会的关系仍处于讨论之中，如 Gibb（2009）的研究表明，创业自我效能促进创业者对机会的感知，但对与机会相关的其他行为缺乏直接的促进作用；此外，对于创业自我效能与机会开发行为的具体关系也缺乏研究和讨论。假设 1 "创业者在过去创业中形成的创业自我效能促进创业机会开发行为"的证实则证明了创业自我效能对于创业者开发创业机会、实现连续创业具有重要意义。

从社会认知理论方面看，自我效能是个体进行自我调节的起始，通过促使个体形成良好的预期动机，带动个体的自我控制和后期的自我反省，形成自我调节的循环（见图 7.1）。因而，在创业活动中，强烈的创业自我效能是创业者获得良好预期、实现自我驱动的关键因素，通过效能感获取的积极动机能够转化为对自身行为的自我控制和不断反省，使创业者在既得目标的基础上形成新的预期，进入更高层次的自我调节循环。该循环表现在行为上即更高的目标承诺以及再创业意愿，使创业者愿意通过开发创业机会进行新的尝试。

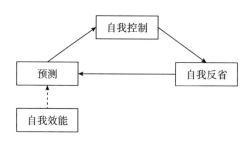

图 7.1 社会认知观的自我调节理论

资料来源：Schunk D H, Barry J Z. Self – regulated learning：From teaching to self – reflective practice［M］. New York：Guilford Press，1998.

从创业者情绪方面看，阻碍连续创业的重要因素之一是创业者经历失败后产生消极、失落的情绪。高度创业自我效能可促进创业者从过去失败中恢复，降低压力感和挫折感（Shepherd et al.，2009），从而克服失败带来的心理障碍，避免陷入习得性无助的陷阱。另外，创业自我效能引发自信等积极情绪，是创业者降低风险感知、提高可获性启发认知的关键，在认定下一次创业有很大可能成功时，创业者更容易表现出机会开发行为。

总之，假设1的证实明确了创业自我效能与创业机会开发之间的显著作用关系，一方面证实了社会认知观的自我调节理论在创业领域中的指导作用；另一方面说明了创业自我效能通过促进创业者情绪调节推动连续创业行为，补充了Gibb等学者关于创业自我效能作用的讨论。

7.1.2 自利性归因偏差对机会开发行为的影响

归因理论在创业研究中得到广泛应用，然而内部归因、外部归因两种方式对于创业机会开发行为的影响尚存争议。假设2"创业者对过去创业事件归因的自利性归因偏差促进创业机会开发行为"的验证表明，归因对于创业行为的促进作用不仅因归因方式的不同产生差异，还与创业经验导致的情境相关：将成功的事件归因于自我、失败的事件归因于外界，这种与情境相联系的归因方式是影响和促进创业者决策的重要因素。作为一种认知偏差，尽管创业者的归因与创业成功、失败的实际原因不一定相符合，但自利性归因偏差能够帮助创业者在信息不对称、资源和时间紧迫的情境下做出开发创业机会的决策。

就成功的创业事件而言，内部归因夸大自身能力、努力的作用，形成"努力就有回报"的自尊适应路径，提供了高度驱动性的自我激励。为了让他人认同创业者个体与成功之间的关系，创业者往往希望通过继续努力、再次创业实现自我证明。因而，创业机会开发动机更为明显。

就失败的创业事件而言，外部归因形成创业者的自我辩解和自我保护，避免自卑、自责和内疚，有利于消极情绪的改善。创业者越是想证明因外在原因导致的失败，就越想通过连续创业行为体现自身在克服外在不利条件中的作用。创业者往往能够连续创业，但可能在后续创业中体现出行业转换等现象规避现有创业环境的劣势（Eggers & Lin，2015）。

因而，对于创业者而言，尽管认知偏差导致认知偏离客观事实，但是恰恰这种判断的失误导致创业者更容易夸大成功事件的积极情绪，缩小失败事件的消极情绪，使之相信自己有能力克服困难，在面对新的机会时更易于坚持，体现出更强烈的机会开发行为和倾向。

7.1.3 情感承诺对机会开发行为的影响

情感承诺随着创业进程的推进而变化，被认为是与创业者行为相关的重要态度变量（Shepherd et al.，2011）。假设3"创业者对过去创业活动的情感承诺促进创业机会开发行为"的成立证实了对创业活动的情感投入和涉入程度与创业者后续机会开发行为具有显著联系。在本章中，情感承诺对于创业机会开发行为影响的总效应是三个创业认知变量中最为突出的，说明了创业者的情感承诺对行为决策的作用不可忽视。

首先，假设3的成立认同了Erikson（2002）将情感承诺视为创业者重要资本的观点。一方面，情感承诺体现了创业者对自身角色的认同，对创业活动具有较高的满意度，有利于创业思维模式的形成（Krueger，2007）；另一方面，情感承诺对调动创业者积极情绪、提高创业激情（Cardon，2005）具有促进作用。由此，情感承诺对于新创企业的存续、连续创业行为等方面的作用最为显著（Cardon et al.，2012）。

其次，假设3的成立证明了创业活动中非理性决策的存在。过去创业中的情感承诺本质上属于情感上的沉没成本，即便与当下决策并不直接相关，但创业者越强烈的投入，越不愿意放弃创业活动，即出现"承诺升级"。情感投入越多，则创业者对于创业机会开发活动有着越强烈的依赖性，亟待在下次创业中获得成功以改变失败的现状，并从成功开发新机会之中获得满足感和成就感。因而对于创业者而言，即便过去创业中收到诸多负面反馈，由于较高情感承诺的存在，创业者总是倾向于继续开发新的创业机会，做出典型的非理性决策。对于部分创业者而言，坚持可能意味着锲而不舍的努力，并最终达成目标；然而对于另一部分创业者而言，机会开发过程可能因缺乏对自身理性的评估和判断而使高度的情感承诺造就非理性的坚持，甚至可能带来更大的风险和潜在损失。

因此，尽管情感承诺对创业机会开发行为具有显著影响，并通过形成创业思维和积极情绪方面提高创业机会开发的质量，但在情感承诺的促使下做出的机会开发决策有可能出现非理性"承诺升级"现象，对自身资源和外界环境不加分析就进行机会开发。后者尽管促进创业行为，但盲目地开发机会、对风险的忽视可能导致创业者连续失败，造成资源浪费，打击创业者积极性。

7.1.4 基于计划行为理论的讨论

就现有研究中创业认知的研究而言，假设1、假设2、假设3的成立补充并细化了创业认知学派的概念框架，证实了创业认知在创业者决策、行为中的重要作用。Venkataraman等（2012）指出，创业活动的独特性本质上来源于创业认知和思维过程，因而不考虑创业者的前提下试图简单地总结创业规律，很难得出令人信服的结论（Aldrich & Martinez，2001）。对于连续创业者而言，过去创业形成的认知过程决定了创业者的运作思维和信息获取，使其对未来创业结果形成一种主观的判断，从而在面对创业机会时做出不同的决策。Busenitz 和 Barney（1997）将创业认知归结为思维方式的差异。根据计划行为理论中 Boyd 和 Vozikis 提出的创业意愿模型，创业认知的态度和效能感的产生依赖于创业者两类认知模式：分析式认知模式和直觉式认知模式。创业认知模式反映了创业者的思维方式，例如，创业自我效能反映了创业者对创业过程的整体倾向与把握，因而擅于利用直觉式认知对未来创业机会做出判断；与归因相关的认知则倾向于对过去创业事件的分析，寻找创业活动的规律，体现了创业者的分析式思维过程；情感承诺既反映了创业者对创业角色认同的分析式认知，又体现了导致承诺升级的直觉式认知。创业认知及其背后的认知模式共同作用于未来的创业行动，不仅对创业机会开发形成影响，对于机会开发之后的决策与运营等均能够形成持续而连贯的影响。

对创业认知与创业者创业机会开发行为的关系验证，是对计划行为理论的验证和补充。创业自我效能使创业者倾向于认同创业机会易于实现并能够通过自己的努力成功开发，因而促进创业者对于创业机会可行性的感知；自利性归因偏差将积极事件进行内部归因，消极事件进行外部归因，增强对过去创业事件的认可，进而提高了对于未来机会的合意性的感知；情感承诺反映了创业者对于创业过程的心理认同，体现为对创业机会的合意性感知。基于经验的创业认知使创业者对于创业机会形成新的认识，进而作用于机会开发的意愿和行为，实现连续创业。因而，从计划行为理论角度，创业认知是影响创业者对机会的评估和开发的重要因素；假设1、假设2、假设3的成立为计划行为理论提供了验证，并对创业机会开发路径进行了细化和补充，如图7.2所示。

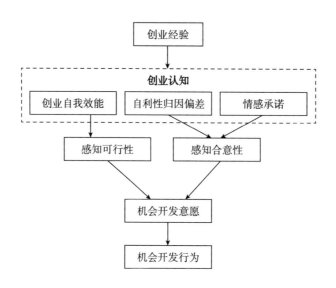

图7.2 基于计划行为理论的创业认知与机会开发行为路径

总之，假设1、假设2、假设3证实了创业自我效能、自利性归因偏差、情感承诺对创业机会开发行为具有显著影响，从理论上验证和细化了创业认知与创业行为之间的联系，丰富了计划行为理论在创业领域中的应用。从实践上，创业者自身的认知也是创业者行为的重要引导工具：创业自我效能的提升有利于创业者提高自我驱动力，树立更高创业目标；自利性归因偏差的存在鼓励创业者从失败中恢复，维护创业过程中的自尊适应路径；情感承诺一方面显示了创业者的自我认同，另一方面导致的承诺升级带动了创业者的机会开发行为。值得注意的是，尽管三种创业认知变量对创业机会开发行为体现出显著的促进作用，但并不必然伴随创业绩效的提升，尤其是自利性归因偏差或承诺升级等认知偏差导致的机会开发行为。尽管创业者体现出积极的努力和较高的创业激情，对客观环境和自身条件的忽视而一味坚持可能导致后续创业中的潜在风险。

7.2　经验学习对创业机会开发行为的影响分析

创业经验是创业者知识的来源之一（Morris et al.，2012）。从经验中学，是创业者积累知识、提高能力、应对问题和困难的重要途径（Cassar & Holmes，2014）。不仅如此，经验学习可能对后续创业行为产生直接影响，本章中的假设4以及假设4a、假设4b分别探讨经验学习及其知识获取、知识转化变量对机会开发行为的影响，均得到证实。

7.2.1　经验学习对创业机会开发行为的影响

首先，假设4"创业者的经验学习促进创业机会开发行为"的成立证实了经验学习对于创业机会开发行为的重要性。在创业领域的研究中，创业学习被认为是创业活动的必要环节，并依据学习的形式、内容不同划分为经验学习、社会学习、实践学习等多种不同的学习方式。而对于有经验的创业者而言，经验学习是极为重要的学习方式（Lumpkin & Lichtenstein，2005），使创业者能够在重复和试错的过程中得到知识的积累，并将其转化为依附于自身的隐性知识。假设4的成立证明了经验学习在创业者的未来行为决策中发挥重要作用。创业知识的获取和积累被认为是创业者获得成功的关键要素（Sexton & Holcomb，2009），能够加强对创业环境的认识，提高环境适应能力，摆脱创业过程中的主观偏见；有利于创业者利用知识的优势识别他人不能识别的创业机会，激发潜在经济利益（Alvarez & Barney，2004），从而增强对机会的感知能力，提高机会识别的质量；有利于创业者改正过去错误，提高自身创业能力（Zahra et al.，2008），制定切合实际的目标，优化战略，提高机会开发的成功率。因而对于创业者而言，越多的创业知识储备就越能够促进创业对机会的感知和开发能力，体现为创业者经验学习与创业机会开发的显著关系。

其次，假设4的成立在一定程度上也证明了创业者对于经验的路径依赖性。越是丰富的经验积累，越希望在未来机会开发中运用自身知识，当然也越不会放弃创业而转入被雇用的关系中，从而体现出持续开发机会的过程。然而值得注意的一点是，经验学习促进机会开发者机会开发行为，但并不必然意味着创业者能够在未来的机会开发中获得比上一次更大的成功。基于经验的学习毕竟受自身经历的限制，并且容易出现对创新的抵触心态。因此，连续创业者不仅应当利用自身经验学习，也应配合其他来源的学习以获得知识的更新，从而适应不断变化的环境，在实现坚持创业的前提下逐步提升创业绩效。

7.2.2 知识获取、知识转化对创业机会开发行为的影响

根据 Kolb 的经验学习理论，知识获取与知识转化是经验学习的两个过程。知识获取主要在于通过对经验的直观感悟和综合领悟获取知识，知识转化主要在于通过创业者的内在反思与外在延展，将所获取的知识内化为归属于自身的隐性知识，是知识的共同化过程。假设 4a、假设 4b 的成立说明了经验学习的两个维度对创业机会开发均有显著影响，两者缺一不可。研究表明，创业经验对于创业者最大的意义在于经验能够带来知识的充实。Politis（2005）将创业者从经验中获取的知识划分为"识别机会的知识"以及"克服新进入者缺陷的知识"。由此可见，知识的积累至少带来双重影响：机会识别能力的提高和学习曲线效应。学习曲线的存在使创业者逐步形成适于创业的思维模式（mindset），打造适合自身的创业知识库（Ravasi & Turati，2005），实现自我强化的学习循环。

知识转化是创业者通过反思与外在延展，将知识内化为归属于自身的隐性知识的过程，使知识能够为创业者所用。从经验中获取的知识往往具有一定局限性，例如范围受制于过去经验的情境之下，所获取的知识不具有创新性。而知识的转化过程能够帮助创业者对相关知识融会贯通，寻找本源性的道理，在一定程度上弥补了某些知识只能适合某些情境的限制。Rerup（2005）指出，创业者在经验中学，建立适合自身的知识框架，进而影响创业机会的识别与开发过程。

总之，假设 4 证实了创业者的经验学习对后续创业行为产生影响，从机会开发角度体现为显著的促进作用，并且知识获取、知识转化维度都具有显著的促进作用。假设的成立说明经验学习是连续创业者不可忽视的重要部分，知识的获取和转化是创业者坚持创业、不断开发新机会的必要条件。然而，从经验中学习也会受到经验的限制，带来创新性差、适应性差等方面的缺点。因此，尽管知识获

取过程对于创业机会开发促进作用更为明显，创业者仍应重视知识的转化过程，着重对知识的内在反思和外在延展，并结合认知学习、实践学习等多种学习方式，以提高经验学习的效率和效果。

7.3　创业认知对经验学习的影响分析

在创业学习的研究中，创业认知因素导致知识储备的提升被称为认知学习过程，可见创业认知对创业学习影响的研究由来已久。但目前对于两者关系的研究是零散的，限定于探索创业者信心、启发式认知等认知因素。本章聚焦创业学习中的经验学习过程，试图根据计划行为理论架构创业认知与经验学习之间的关系。创业认知对经验学习的影响共包含假设5"创业者在过去创业中形成的创业自我效能促进创业者经验学习"、假设6"创业者对过去创业事件归因的自利性归因偏差促进创业者经验学习"、假设7"创业者对过去创业活动的情感承诺促进创业者经验学习"，且各假设的分假设旨在验证创业认知对知识获取、知识转化的影响。结果表明，除自利性归因偏差对知识获取的作用不显著之外，其余假设成立。

7.3.1　创业自我效能与经验学习

创业自我效能对创业行为的驱动不仅体现在创业者对机会的开发，也体现在创业者的学习活动中，假设5以及假设5a、假设5b的成立证明了这一点。高度创业自我效能促使创业者形成高度目标意识，并时刻保持警觉性，注重搜集对创业机会开发有利的信息，因而其经验学习过程更为持久，从经验中获取的知识更丰富。同时，面对同等水平的创业经验时，高度创业自我效能的创业者体现出较强的意志力和持续的努力，能够对过去的经验进行深度思考和领悟，其知识转化程度高。另外，创业自我效能感强的创业者往往不断进行尝试，在应对不同的创业情境和变化多端的多样化环境之后，经验学习程度势必深入，因而无论直接还是间接都能促进创业者经验学习，包括知识获取与知识转化的过程。

7.3.2 自利性归因偏差与经验学习

假设 6 及其分假设试图证明自利性归因偏差促进经验学习，然而研究结果表明，自利性归因偏差对于经验学习的促进作用仅针对知识转化变量显著（假设6b 成立），对知识获取变量的作用并不显著（假设 6a 不成立）。本章认为，之所以对于经验学习不同维度得到不同的结果，可能源于两类自利性归因偏差倾向的差异。自利性归因偏差包括两种归因倾向：对积极事件的内部归因倾向、对消极事件的外部归因倾向。已有研究表明创业者对消极结果的外部归因偏差往往高于对积极结果的内部归因偏差（Baron，1998），因而对于消极结果的归因偏差对创业者行为产生更大的影响。自利性归因偏差对知识获取、知识转化的影响差异可能是由于两方面归因倾向的作用机理不同导致的。

7.3.2.1 对积极事件的内部归因有利于知识获取、知识转化，但作用强度弱于对消极事件的归因

在对积极事件进行归因时，内部归因对创业行为的促进作用是明显的。首先，从知识的特性方面，创业者通过学习获取的创业知识是一种系统化的专门知识（蔡莉等，2012），需要创业者付出一定的时间和精力去搜集、体验、提炼、反思，而内部归因过程正是对过去经验进行思考、总结的过程，因而有利于深入地进行经验学习（Minniti & Bygrave，2001）。其次，经验学习过程对过去的经验有强烈的路径依赖，积极事件的内部归因使创业者认同过去的成功路径，而这个路径也成为学习的来源。内部归因提高了创业者对自身优势的感知，为了利用自身优势、重现过成功，创业者减少了行业转换等提升不确定性的行为（Eggers & Lin，2015），倾向于在熟悉领域进行深入挖掘，促进了经验学习的深化（Holcomb，2009），进而为创业机会的进一步识别、评估和开发提供了基础（Shane，2000）。因此，对于积极事件的内部归因是创业者自我强化过程，该过程通过提高经验学习的深度，实现自我提升。然而，对积极事件的内部归因偏差弱于对消极事件的外部归因偏差。因此，前者对知识获取、知识转化的促进作用是有限的，对失败的归因是影响经验学习的关键。

7.3.2.2　失败归因与经验学习之间存在两条不同的影响路径：内部归因有利于反事实思维的形成，外部归因有利于创业者自我辩解和自我保护

在对消极事件进行归因时，归因方式的不同与创业者经验学习的关系仍处于讨论之中。一方面，有学者认为，在创业者归因方式上，内部归因是促进创业学习的重要因素（Weissbein et al.，2011）。Baron（2000）提出内部归因可以促使创业者的反事实思维（counterfactual thinking），即创业者倾向于想象在特定情境下若当初采取与已发生事实相反的措施将产生怎样的结果，即"如果当初我采取另一种措施，或许结果可能会如何"。反事实思维是对过去自我行为的反思，即创业者将错误归咎于自身，而不断思考自己做得不对的地方，例如促使创业者不断思考"我哪里做得还不够好""我能够怎样做才能实现更好的绩效"，进而关注创业资源的获取和能力的提升，力求在下次创业中如何获得改进。另一方面，有学者认为，创业者对失败的内部归因在一定程度上阻碍了主动性的创业学习。Yamakawa等（2015）指出，对于创业失败者而言，内部归因容易使失败者认为自己不够优秀，或不具有创业天赋和条件，不适合从事创业活动，因而不利于实现自我激励。而当创业者进行外部归因时，才会对过去的失败行为作出自我辩解，减轻消极情绪，形成失败后的自我保护，从而促使创业者正视创业经验，转化创业知识。

根据上述学者的讨论，对消极事件的外部归因与创业者经验学习的关系具有两条影响路径：一方面，外部归因阻碍了"反事实思维"的形成，使外部归因与经验学习不能体现出显著关系；另一方面，外部归因为创业者提供了针对失败的自我辩解，降低消极情绪，提高创业者学习动机。自利性归因偏差与知识获取、知识转化之间的作用是由上述矛盾的两方面决定的。

7.3.2.3　知识获取与知识转化的性质存在差异：前者倾向于对过去事件的反思，其主观能动作用较弱；后者依赖于未来创业动机的驱动，更依赖个体的主观能动性

对于知识获取而言，创业者从创业的经历中获取知识的过程，在一定程度上随着企业的运营自然发生，受经验多少、经验类型的影响（Ishikawa & Montello，2006），是创业者对过去事件的感知过程。由于过去事件是已经发生的事实，创业者缺乏改变事件的驱动力，因而在知识获取过程中的主观性较弱。

知识转化强调对知识的内在反思与外在延展（Kolb，2014），旨在从已有的情境中抽取规律性知识，指导未来新情境中的创业行为。与知识获取相比，知识转化更依赖于个体举一反三、触类旁通的能力（Halpern，2002），强调创业者对知识的内在加工，对创业者的主观态度依赖性更强。更为重要的是，知识转化的目标在于指导未来实践，因而知识转化是面向未来的，受连续创业动机的影响更显著。

7.3.2.4　自我辩解和自我保护为未来的创业行为提供驱动力，对知识转化的影响更显著；而知识获取依赖通过反事实思维对过去事件的反思，当反事实思维缺乏时，知识获取过程不能得到加强

对失败的外部归因为创业者提供自我辩解和自我保护，避免创业者陷入自卑、消极等情绪中（Mitchell et al.，2002），为创业者未来行为提供驱动力。而知识转化的目标在于探寻能够在新情境下适用的规律性知识，是面向未来、受创业者主观驱动的。因而，自我辩解和自我保护过程对创业者知识转化的作用显著。相比较而言，知识获取是通过过去事件和经验获得知识，是面向过去的思维活动。反事实思维的缺乏对知识获取产生不利影响（Krueger，2007），并且不能通过对未来的驱动进行弥补。两者作用路径如图 7.3 所示。

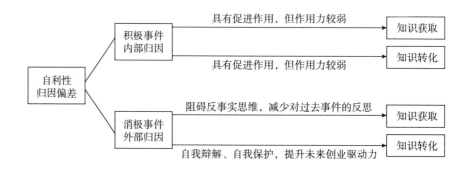

图 7.3　自利性归因偏差对知识获取、知识转化的影响差异

综上所述，由于创业者对于消极事件的外部归因抑制了反事实思维的形成，不能促进创业者从过去经验中学习的过程，体现为对知识获取关系的不显著。而自利性归因偏差的存在通过自我辩解和自我保护提升创业者面对未来的驱动力，

对具有主观能动性的知识转化行为具有积极的促进作用，因而假设 6a 不成立，假设 6b 成立。创业者适当降低对失败的外部归因程度，加强自我反思，对于创业者经验学习，尤其是知识获取过程可能产生更有利的影响。

7.3.3 情感承诺与经验学习

假设 7 以及假设 7a、假设 7b 的成立证明了情感承诺作为一项重要的创业资本，对于经验学习能够产生显著影响。情感承诺与行为嵌入同时存在（陈建安等，2014），形成一种将创业者与其事业相捆绑的牵引力，对创业活动形成驱动。高度情感承诺使创业者表现出积极的态度，付出更多的努力，更加注重对经验的利用和挖掘，产生更高程度的经验学习。情感承诺有利于创业者保持较高的警觉性，对于与机会开发相关的知识更为敏感，因而知识获取更为丰富；对创业活动的情感投入意味着对创业知识的信服与认同，能够对知识进行深入思考和利用，知识转化程度越高。

情感承诺水平的提升往往伴随承诺升级现象。在过去的创业经历中，创业者往往投入大量时间、精力和资源，经历成功的创业者往往希望获取更大的成功，经历失败的创业者往往希望通过下一次的成功证明自身能力，因而在面对合适的创业机会时往往倾向于做出机会开发的决策，期望获得长期持久的创业成功（Phelan & Alder，2005），因而创业者能够持续地为未来的机会开发做准备，进行充足的知识储备，并对知识进行加工和转化，以满足将来在新环境下开发创业机会时对知识的需要。因此，高度情感承诺往往使创业者陷入高度非理性决策状态，即使前景并不如意仍不放弃努力，对经验进行深入挖掘，表现为经验学习及知识获取、知识转化水平的提高。

总而言之，从创业认知角度而言，创业自我效能、自利性归因偏差、情感承诺对于经验学习都有一定程度的积极作用，尤其是创业自我效能和情感承诺。经验学习的提升能直接导致创业能力的提高，因而，维持较高的效能感和承诺是创业者提升经验学习水平的途径之一。另外，归因方式对于经验学习的结论说明，自利性归因偏差并没有促进知识获取过程，仅仅促进知识转化过程，创业者应适当加强对失败的自我反思，在失败的经验中获取知识。

7.4 经验学习的中介作用分析

通过对假设8、假设9、假设10的中介作用验证，经验学习及知识获取、知识转化变量在创业自我效能与创业机会开发、情感承诺与创业机会开发之间皆起部分中介作用；知识转化变量在自利性归因偏差与创业机会开发之间起部分中介作用。

创业自我效能对机会开发的影响部分通过知识获取与知识转化实现。创业自我效能是创业者行为的驱动力，高创业自我效能的创业者，关注自我培养过程，并且具有较高的目标导向，认为自己能够通过努力达成最终目标，因而对待创业经验更为谨慎，希望通过对经验中获取知识、吸收知识过程获得创业资源和优势，为未来的创业活动提供基础。因而，基于深层次的知识获取与转化，这部分创业中往往具有较高的创业机会识别能力和开发能力，能够在创业结束后重整旗鼓发现新的机会，并利用自身知识优势开发机会。因而经验学习在创业自我效能与机会开发之间起部分中介作用，创业者的知识获取、知识转化各自为机会开发产生积极影响，本章中假设8、假设8a、假设8b均成立。

自利性归因偏差与创业机会开发之间的关系较为复杂，因为对积极事件的归因与消极事件的归因产生对知识的不同影响，尽管研究证实了自利性归因偏差与机会开发之间的显著影响，但知识在其中发挥的中介作用有限：从经验学习角度，知识获取通过创业经验的积累、对过去经验的反思实现，但自利性归因偏差抑制了有利于知识获取的反事实思维。自利性归因偏差对创业者知识的影响是通过知识转化实现的：对消极事件的外部归因促进创业者自我辩解和自我保护，为创业者提供行为驱动，促进主观能动性的发挥，进而创业者通过对知识的转化获取具有一般规律的隐性知识，并得以在新情境下利用知识识别并开发创业机会，从而体现为知识转化中介自利性归因偏差与机会开发行为。因此，假设9a不成立，假设9b成立。

对于情感承诺，创业者对过去创业的承诺体现为情感投入，当创业结束后，创业者的情感投入一方面促使创业者对过去创业的不舍，从而对创业经验更为珍视，具有更高水平的知识获取、知识转化；另一方面，高度的情感投入促使创业者在后来的创业中获得补偿，因而更倾向于利用创业经验中的知识进行机会开发，体现为承诺升级现象。因此，假设10、假设10a、假设10b均成立。

7.5　本章小结

本章结合理论基础与现有文献对数据分析结果进行了深入讨论。创业自我效能是创业者自我调节的起点，通过增强自信、降低消极情绪、激发目标意识促进创业者知识获取和知识转化过程，产生创业机会开发行为。自利性归因偏差就过去的积极事件形成自尊适应路径，就消极事件形成自我辩解和自我保护，促进知识转化，进而产生创业机会开发行为；但对消极事件的外部归因抑制了反事实思维的形成，对知识获取不能产生直接作用。情感承诺导致的承诺升级是创业者继续投入资源、深入开展经验学习并不断开发创业机会的心理作用机制，一定程度上促进创业者坚持，但有可能出现非理性决策，导致机会开发质量降低。

8 结论、启示与展望

本章对研究结论进行回顾，总结理论与实践方面所获得的启示，指出研究存在的不足，说明未来研究可行的发展方向。

8.1 研究结论

本书基于我国"大众创业"的趋势和创业失败率居高不下的背景，试图探索能够促进创业者连续创业、提升创业质量的内部影响因素；基于计划行为理论，从创业认知出发，以经验学习为中介变量，构建了创业机会开发模型，探讨创业者在过去创业中形成的认知、经验学习对机会开发行为的影响。在理论和文献分析的基础上确定了三个创业认知变量，即创业自我效能、自利性归因偏差与情感承诺，并且依据经验学习经典文献确定了经验学习的两个过程变量，即知识获取与知识转化，分别对创业认知与机会开发的关系、经验学习与机会开发的关系、创业认知与经验学习的关系、经验学习在创业认知与机会开发之间的中介作用关系作出假设。通过问卷调查方法获取数据，并对数据进行实证分析，本书的研究结论包括以下五个方面。

8.1.1 创业认知是一个多元的概念，是创业行为的决定因素

创业认知被解释为"与评估、行为相关的知识结构"。根据文献研究，创业

认知并非单维概念，而是包含多种认知变量并能够代表创业者思维模式的多元概念。从属性上看，创业认知与创业知识有密切联系；从来源上看，创业认知受心理机制的驱动；从作用上看，创业认知对创业者行为产生持续影响，是用于解释创业行为独特性的重要视角之一。

在创业领域中，"认知－行为"是认知视角研究的基本假设，也是计划行为理论的核心关系。创业认知代表了创业者在资源、时间压力下特定的思维模式，是区分创业者与非创业者的关键个体要素。本书在计划行为理论基础之上构建了"创业认知－经验学习－创业机会开发"模型，证实了创业认知对经验学习、机会开发的重要作用，说明创业认知也是区分连续创业与放弃创业的关键个体要素。从这一点出发，创业认知可能对创业者其他行为和表现具有重要影响，因而未来研究可以进一步探索创业认知的作用机制。

8.1.2　经验学习为创业机会开发行为提供指导

创业经验是创业者的知识来源之一。从经验中直接获取的知识，是创业者在不断重复与试错中获得知识并转化为依附于自身的隐性知识过程。

经验学习中的知识获取包括与机会识别相关知识的获取、克服新进入者缺陷知识的获取。前者提高创业者机会识别能力，利用异质性知识的优势识别他人不能识别的机会，带来潜在经济利益；后者通过经验学习获取的知识储备影响创业者整个机会开发过程，使创业者避免陷入过去的错误之中，树立更符合实际的目标，提高机会开发的成功率。

通过对知识的转化，创业者得以将知识进行深入的加工、吸收，获得具有规律性、不局限于现有情境的隐性知识，为创业者在面对新情境下的判断与决策提供知识基础。

值得注意的是，创业者经验学习的过程仍然不能避免经验带来的局限。完全依赖于经验获取知识容易导致创业者眼界狭窄、思维单一，不利于未来的创新。创业者应结合其他途径的学习，补充自己不具备的新信息、新知识，以满足创业活动的需要。

8.1.3 创业自我效能通过提升经验学习程度促进创业机会开发

创业自我效能的提升往往伴随创业者自信和努力水平的提升，进而对创业者克服困难、提升创业能力具有积极的影响。对于经历过失败的创业者，创业自我效能可使创业者从失败的消极情绪中尽快恢复，有利于创业者摆脱心理障碍，克服失败阴影，重新开发创业机会。另外创业自我效能提升创业者的警觉性和敏感性，因而更擅于利用过去经验获取知识，并将其转化为自身隐性知识，从而更加促进创业机会开发行为。

8.1.4 自利性归因偏差不能影响知识获取，但能影响知识转化从而促进创业机会开发

自利性归因偏差是创业者在归因时产生的与事实不符的认知偏差。偏差的存在能够帮助创业者获得自我保护：将成功进行内部归因有利于创业者提升自我增强动机，有利于创业者为了维持"成功"的形象而坚持创业；将失败进行外部归因是创业者自我辩解的过程，有利于维持自尊、降低消极情绪，减少内疚和后悔，获得连续创业的勇气。然而，对于失败的外部归因过程在一定程度上不利于创业者形成"反事实思维"进行自省，阻碍了知识获取。因此，由自利性归因偏差驱动的机会开发行为缺乏经验学习的提升，创业者虽表现出创业坚持，但由于知识的缺乏，在未来创业中却不一定取得良好的绩效。

8.1.5 情感承诺深化经验学习，促进创业机会开发，但有可能导致非理性的连续创业

情感承诺是创业者的一项创业资本，对于所创事业情感上的认同与付出是一种自我认同，越强烈的情感承诺越能表现出对于创业活动的高满意度，创业者也倾向于树立更高的创业目标，通过连续创业的过程获得满足感。即使是创业结束后，情感承诺作为一种沉没成本，使创业者因不愿浪费过去的情感付出而更加努力，提高经验学习强度，获取更多创业知识，并转化为自身知识，从而为未来的创业行为做准备。然而，高度情感承诺通常伴随承诺升级现象，创业者在缺乏对客观条件分析的情况下进行非理性决策，一味追求新机会的开发，往往不注重机

会的质量，对最终创业结果产生不利影响。

8.2   理论与实践启示

本书从创业者个人视角探索创业机会开发行为的内在原因，可能对创业领域研究者及创业者带来一定启示。

8.2.1   对创业研究的启示

第一，重视创业认知在创业行为中的作用。本书表明，创业认知不仅是区分创业者与非创业者的内在原因，也是区分连续创业与创业退出行为的内在原因。依照该逻辑，创业认知极有可能作用于创业者后续决策并对创业绩效产生影响。对创业认知进行深入、系统的研究，更充分地探索创业认知与创业行为之间的关系，将有利于进一步挖掘创业者的行为规律。

第二，创业知识贯穿创业活动的始终。从某种程度上而言，创业认知、创业机会均具有知识属性，并且本书验证了经验学习所获取和转化的知识在创业认知与机会开发行为中的中介作用。因而，未来研究应重视创业知识在创业者行为中发挥的作用，对创业知识以及创业学习进行深入、专门的研究，探索创业知识的效能机制。

第三，充实创业机会相关的理论，识别创业机会开发的前置要素，对于深化创业机会的相关研究具有积极作用。目前对于创业机会开发前置因素的研究所依据的理论较少，并没有形成系统化的整体。借鉴相关理论对其进行总结和系统归类，有利于将创业机会研究得更加清晰化，为后人的研究提供良好的借鉴。

8.2.2   对创业者自我提升的启示

第一，创业者应适当利用自身的认知优势，培养与创业活动相适应的思维模式。例如，结合使用直觉式思维和分析式思维，在新创企业初期利用因果推理思维决策，在新创企业的成长、成熟期使用效果推理理论进行决策。形成与企业生命周期相匹配的认知思维对新创企业的成长和发展具有积极的促进作用。

第二，通过多种途径提升创业自我效能可使创业者在后续创业中受益。创业者充分利用先前经验（Zimmerman，2000），争取社会和家人的外部支持（Carr & Sequeira，2007），接受系统的创业教育（Shinnar et al.，2014），这些途径均能够提升创业自我效能，从而获得自我激励和自我调整，为自己的创业活动提供自我认知方面的支持。

第三，适当利用自利性归因偏差，但要控制对消极事件的外部归因程度。适当的自利性归因偏差有利于提高创业者积极性，提升再创业意愿。但对失败进行过度外部归因往往导致对自身缺点的忽视，若不加改正，未来可能因同样的原因导致失败。创业者在进行自我归因时可以寻求他人帮助，正视自身存在的问题，从而提升未来创业的质量。

第四，正视承诺升级现象的存在，避免高度非理性决策。尽管情感承诺能够提升经验学习水平，并利用知识的增长开发新的创业机会，但机会开发之前应注意对机会进行完善的客观评估和可行性评价，防止非理性决策导致承诺升级，提高潜在失败可能性。

第五，结合多种方式开展创业学习。知识是创业者提高创业能力、取得良好创业绩效的保证。从经验中学是创业者获取知识的途径之一，但同时利用社会网络等多途径学习可以为创业者提供更广阔的思路和更具创新性的想法。

8.2.3　对政策制定方面的启示

创业教育能够优化创业者的认知，促进连续创业行为，因此提供高质量的创业教育对于推进我国创业浪潮具有积极意义。创业教育对创业者的影响不仅在于获得创业知识，对于提高创业自我效能、利用创业者的认知偏差均具有指导意义。建立专门提供创业教育的中介服务机构是行之有效的途径。

8.3 研究局限与展望

本书建立了创业认知、经验学习与机会开发之间的关系，补充了相关领域的研究，并为引导创业者行为提供了一定借鉴。但研究仍有诸多局限，需在未来研究中完善。

首先，受时间、篇幅等客观限制，本书未能对创业认知与特定创业情境进行更深入的探讨。认知是在特定情境下形成的，结合情境探索认知模式能够更清晰地展现创业者认知的形成与发展。根据社会学习理论，创业环境、认知因素与个体行为是三个相互作用的要素，两两之间相互影响，忽略情境因素可能导致对创业认知形成过程的了解不够全面，不能不说是本书的一个缺憾。

其次，有必要对创业机会开发之后的后续绩效进行跟踪研究。认知因素和学习因素对创业机会的影响机制与对创业绩效的影响机制存在差异，促进机会开发行为并不意味着促进创业者绩效的提升。在个别认知偏差的影响下进行非理性决策可能在后续绩效中有较差的表现，因此并不能说明促进机会开发的认知与学习一定对创业者产生积极的作用。因此，有必要将相关研究延伸到创业机会开发之后的绩效。

针对上述局限，笔者拟在未来研究中重点开展两方面的工作。

一是将创业情境嵌入理论模型之中，研究特定情境下创业认知、创业学习与创业行为之间的相互作用，对理论模型进行进一步优化。笔者认为，对创业情境进行界定和划分有利于创业者在特定情境下利用相关规律，提高研究结论利用的有效性。

二是探讨创业认知、创业学习对于后续创业绩效的影响，对模型进行进一步完善。鼓励创业者创业，归根结底是要建立具有良好绩效、能够高效运转的企业。因此，如何帮助连续创业者识别提高企业绩效的认知与学习因素，是摆在包括笔者在内的研究人员面前的另一重要课题。

参考文献

［1］蔡莉，单标安，汤淑琴，高祥．创业学习研究回顾与整合框架构建［J］．外国经济与管理，2012，34（5）：1－17.

［2］蔡莉，汤淑琴，马艳丽，高祥．创业学习、创业能力与新企业绩效的关系研究［J］．科学学研究，2014（8）：1189－1197.

［3］陈建安，陶雅，陈瑞．创业承诺研究前沿探析与未来展望［J］．外国经济与管理，2014，36（6）：24－31.

［4］陈文婷．创业学习与家族企业跨代创业成长——基于行业、规模及成长阶段的差异分析［J］．经济管理，2013，35（12）：43－53.

［5］杜晶晶，丁栋虹，王晶晶．基于扎根理论的创业机会开发研究梳理与未来展望［J］．科技管理研究，2014（21）：215－221.

［6］贺华．知识与经验的再认识［J］．求索，2015（11）：72－76.

［7］胡玲玉，吴剑琳，古继宝．创业环境和创业自我效能对个体创业意向的影响［J］．管理学报，2014，11（10）：1484－1490.

［8］花贵如，郑凯，靳光辉．管理层对年报业绩自我服务归因偏差的动因研究——来自上市公司管理层讨论与分析的经验数据［J］．华东经济管理，2014，28（5）：129－133.

［9］简丹丹，段锦云，朱月龙．创业意向的构思测量、影响因素及理论模型［J］．心理科学进展，2010（1）：162－169.

［10］林嵩，姜彦福，张帏．创业机会识别：概念、过程、影响因素和分析架构［J］．科学学与科学技术管理，2005（6）：128－132.

［11］林嵩．创业倾向模型评述与展望［J］．科技进步与对策，2014（6）：155－160．

［12］刘佳，李新春．模仿还是创新：创业机会开发与创业绩效的实证研究［J］．南方经济，2013（10）：20－32．

［13］马鸿佳，董保宝，葛宝山．创业能力、动态能力与企业竞争优势的关系研究［J］．科学学研究，2014（3）：431－440．

［14］马昆姝，覃蓉芳，胡培．个人风险倾向与创业决策关系研究：风险感知的中介作用［J］．预测，2010（1）：42－48．

［15］马庆国．中国管理科学研究面临的几个关键问题［J］．管理世界，2002（8）：105－115，140．

［16］买忆媛，梅琳，周嵩安．规制成本和资源禀赋对地区居民创业意愿的影响［J］．管理科学，2009（4）：64－73．

［17］苗青．基于认知观的创业过程研究［J］．心理科学，2005，28（5）：1274－1276．

［18］彭华涛．连续创业者的社会网络传承及作用机理研究［J］．管理世界，2014（4）：179－180．

［19］邱浩政．量化研究与统计分析［M］．重庆：重庆大学出版社，2009．

［20］任胜钢，舒睿．创业者网络能力与创业机会：网络位置和网络跨度的作用机制［J］．南开管理评论，2014，17（1）：123－133．

［21］单标安，蔡莉，鲁喜凤，刘钊．创业学习的内涵、维度及其测量［J］．科学学研究，2014（12）：1867－1875．

［22］单标安，陈海涛，鲁喜凤，陈彪．创业知识的理论来源、内涵界定及其获取模型构建［J］．外国经济与管理，2015（9）：17－28．

［23］孙宁，孔海燕．个性化契约对中国员工工作满意度及情感承诺的影响［J］．软科学，2016（1）：95－99．

［24］唐靖，张帏，高建．不同创业环境下的机会认知和创业决策研究［J］．科学学研究，2007（2）：328－333．

［25］汤超颖，叶琳娜，王菲，周寄中．知识获取与知识消化对创新绩效的影响研究［J］．科学学研究，2015（4）：561－566．

［26］王旭，朱秀梅．创业动机、机会开发与资源整合关系实证研究［J］．科研管理，2010，31（5）：54－60.

［27］温忠麟，侯杰泰，马什赫伯特．结构方程模型检验：拟合指数与卡方准则［J］．心理学报，2004（2）：186－194.

［28］温忠麟，刘红云，侯杰泰．调节效应和中介效应分析［M］．北京：教育科学出版社，2012.

［29］吴明隆．结构方程模型——Amos 的操作与应用［M］．重庆：重庆大学出版社，2009.

［30］杨俊，张玉利，刘依冉．创业认知研究综述与开展中国情境化研究的建议［J］．管理世界，2015（9）：158－169.

［31］杨俊．创业决策研究进展探析与未来研究展望［J］．外国经济与管理，2014（1）：2－11.

［32］杨俊．社会资本、创业机会与新企业初期绩效［M］．天津：南开大学出版社，2013.

［33］于晓宇，李厚锐，杨隽萍．创业失败归因、创业失败学习与随后创业意向［J］．管理学报，2013，10（8）：1179－1184.

［34］于晓宇．创业失败研究评介与未来展望［J］．外国经济与管理，2011，33（9）：19－26.

［35］张爱丽．潜在企业家创业机会开发影响因素的实证研究——对计划行为理论的扩展［J］．科学学研究，2010（9）：1405－1412.

［36］张锦，郑全全．计划行为理论的发展、完善与应用［J］．人类工效学，2012，18（1）：77－81.

［37］张新华，张飞．"知识"概念及其涵义研究［J］．图书情报工作，2013（6）：49－58.

［38］张秀娥，周荣鑫，王晔．文化价值观、创业认知与创业决策的关系［J］．经济问题探索，2012（10）：74－80.

［39］张玉利，田新，王瑞．创业决策：Effectuation 理论及其发展［J］．研究与发展管理，2011，23（2）：48－57.

［40］赵文红，孙卫．创业者认知偏差与连续创业的关系研究［J］．科学学

研究，2012，30（7）：1063 - 1070.

［41］Acs Z J, Audretsch D B, Lehmann E E. The knowledge spillover theory of entrepreneurship ［J］. Small Business Economics, 2013, 41（4）：757 - 774.

［42］Ajzen I, Fishbein M. Attitude - behavior relations: A theoretical analysis and review of empirical research ［J］. Psychological Bulletin, 1977, 84（5）：888.

［43］Ajzen I, Fishbein M. Questions raised by a reasoned action approach: Comment on Ogden ［J］. Health Psychology, 2004, 23（4）：431 - 434.

［44］Ajzen I. Attitudes, traits, and actions: Dispositional prediction of behavior in personality and social psychology ［J］. Advances in Experimental Social Psychology, 1987, 20（1）：1 - 63.

［45］Ajzen I. The theory of planned behavior ［J］. Organizational Behavior and Human Decision Processes, 1991, 50（2）：179 - 211.

［46］Akehurst G, Comeche J M, Galindo M A. Job satisfaction and commitment in the entrepreneurial SME ［J］. Small Business Economics, 2009, 32（3）：277 - 289.

［47］Aldrich H E, Martinez M A. Many are called, but few are chosen: An evolutionary perspective for the study of entrepreneurship ［J］. Entrepreneurship Theory and Practice, 2001, 25（4）：41 - 56.

［48］Allen N J, Meyer J P. The measurement and antecedents of affective, continuance and normative commitment to the organization ［J］. Journal of Occupational Psychology, 1990, 63（1）：1 - 18.

［49］Allport G W. Personality ［M］. New York: Holt, 1937.

［50］Alsos G A, Kolvereid L. The business gestation process of novice, serial, and parallel business founders ［J］. Entrepreneurship: Theory and Practice, 1998, 22（4）：101 - 102.

［51］Alvarez S A, Barney J B. Organizing rent generation and appropriation: Toward a theory of the entrepreneurial firm ［J］. Journal of Business Venturing, 2004, 19（5）：621 - 635.

［52］Alvarez S A, Barney J B, Anderson P. Forming and exploiting opportunities: The implications of discovery and creation processes for entrepreneurial and organizational research [J]. Organization Science, 2013, 24 (1): 301 – 317.

[53] Anderson J C, Gerbing D W. Structural equation modeling in practice: A review and recommended two – step approach [J]. Psychological Bulletin, 1988, 103 (3): 411.

[54] Andrawina L, Govindaraju R, Samadhi T A, et al. Absorptive capacity moderates the relationship between knowledge sharing capability and innovation capability [C]. Industrial Engineering and Engineering Management, on IEEE International Conference, 2008: 944 – 948.

[55] Ardichvili A, Cardozo R, Ray S. A theory of entrepreneurial opportunity identification and development [J]. Journal of Business Venturing, 2003, 18 (1): 105 – 123.

[56] Argote L. Organizational learning: Creating, retaining and transferring knowledge [M]. New York: Springer Science & Business Media, 2012.

[57] Askim – Lovseth M K, Feinberg R A. The role of attributional explanatory style in the perceived outcomes of entrepreneurial venture failure [J]. Journal of Small Business and Entrepreneurship, 2012, 25 (3): 261 – 281.

[58] Awang A, Amran S, Nor M, et al. Individual entrepreneurial orientation impact on entrepreneurial intention: Intervening effect of PBC and subjective norm [J]. Journal of Entrepreneurship, Business and Economics, 2016, 4 (2): 94 – 129.

[59] Allen N J, Meyer J P. Commitment in the Workplace [M]. Thousand Oaks: Sage Publications Inc, 1997.

[60] Ari J. Knowledge – processing capabilities and innovative performance: An empirical study [J]. European Journal of Innovation Management, 2005, 8 (3): 336 – 349.

[61] Bagozzi R P, Kimmel S K. A comparison of leading theories for the prediction of goal – directed behaviours [J]. British Journal of Social Psychology, 1995, 34 (4): 437 – 461.

[62] Bagozzi R P, Yi Y. On the evaluation of structural equation models [J].

Journal of the Academy of Marketing Science, 1988, 16 (1): 74 – 94.

[63] Baldacchino L, Ucbasaran D, Cabantous L, et al. Entrepreneurship research on intuition: A critical analysis and research agenda [J]. International Journal of Management Reviews, 2015, 17 (2): 212 – 231.

[64] Baldacchino L. Entrepreneurial experience and opportunity identification: The role of intuition and cognitive versatility [D]. Coventry University of Warwick, 2013.

[65] Bandura A. Self efficacy: Toward unifying theory of behavioral change [J]. Psychological Review, 1977, 84 (2): 191 – 215.

[66] Bandura A. Social foundations of thought and action: A social cognitive theory [M]. Upper Saddle River: Prentice – Hall, Inc, 1986.

[67] Barbosa S D, Gerhardt M W, Kickul J R. The role of cognitive style and risk preference on entrepreneurial self – efficacy and entrepreneurial intentions [J]. Journal of Leadership & Organizational Studies, 2007, 13 (4): 86 – 104.

[68] Baron R A, Ensley M D. Opportunity recognition as the detection of meaningful patterns: Evidence from comparisons of novice and experienced entrepreneurs [J]. Management Science, 2006, 52 (9): 1331 – 1344.

[69] Baron R A, Henry R A. How entrepreneurs acquire the capacity to excel: Insights from research on expert performance [J]. Strategic Entrepreneurship Journal, 2010, 4 (1): 49 – 65.

[70] Baron R A, Hmieleski K M, Henry R A. Entrepreneurs' dispositional positive affect: The potential benefits – and potential costs – of being "up" [J]. Journal of Business Venturing, 2012, 27 (3): 310 – 324.

[71] Baron R A, Tang J. The role of entrepreneurs in firm – level innovation: Joint effects of positive affect, creativity, and environmental dynamism [J]. Journal of Business Venturing, 2011, 26 (1): 49 – 60.

[72] Baron R A. Cognitive mechanisms in entrepreneurship: Why and when entrepreneurs think differently than other people [J]. Journal of Business Venturing, 1998, 13 (4): 275 – 294.

［73］ Baron R A. Counterfactual thinking and venture formation: The potential effects of thinking about "what might have been" ［J］. Journal of Business Venturing, 2000, 15 (1): 79 – 91.

［74］ Baron R A. The cognitive perspective: A valuable tool for answering entrepreneurship's basic "why" questions ［J］. Journal of Business Venturing, 2004, 19 (2): 221 – 239.

［75］ Baron R A. The role of affect in the entrepreneurial process ［J］. Academy of Management Review, 2008, 33 (2): 328 – 340.

［76］ Baron R A, Kenny D A. The moderator – mediator variable distinction in social psychological research: Conceptual, strategic and statistical considerations ［J］. Journal of Personality and Social Psychology, 1986 (51): 1173 – 1182.

［77］ Baron R A, Mueller B A, Wolfe M T. Self – efficacy and entrepreneurs' adoption of unattainable goals: The restraining effects of self – control ［J］. Journal of Business Venturing, 2016, 31 (1): 55 – 71.

［78］ Barsky D E. Entrepreneurial heuristics and serial entrepreneurs ［D］. Philadelphia: Temple University, 2010.

［79］ Bateman T S, Strasser S A. A longitudinal analysis of the antecedents of organizational commitment ［J］. Academy of Management Journal, 1984, 27 (1): 95 – 112.

［80］ Bates T. Analysis of young, small firms that have closed: Delineating successful from unsuccessful closures ［J］. Journal of Business Venturing, 2005, 20 (3): 343 – 358.

［81］ Baum J R, Locke E A, Smith K G. A multidimensional model of venture growth ［J］. Academy of Management Journal, 2001, 44 (2): 292 – 303.

［82］ Baum J R, Locke E A. The relationship of entrepreneurial traits, skill, and motivation to subsequent venture growth ［J］. Journal of Applied Psychology, 2004, 89 (4): 587.

［83］ Beck L, Ajzen I. Predicting dishonest actions using the theory of planned behavior ［J］. Journal of Research in Personality, 1991, 25 (3): 285 – 301.

［84］ Becker H S. Notes on the concept of commitment ［J］. American Journal of Sociology, 1960 （66）: 32 – 40.

［85］ Bhagavatula S, Elfring T, van Tilburg A, et al. How social and human capital influence opportunity recognition and resource mobilization in India's handloom industry ［J］. Journal of Business Venturing, 2010, 25 （3）: 245 – 260.

［86］ Bird B, Schjoedt L, Baum J R. . Entrepreneurs' behavior: Elucidation and measurement ［J］. Entrepreneurship Theory and Practice, 2012, 36 （5）: 889 – 913.

［87］ Bird B. Implementing entrepreneurial ideas: The case for intention ［J］. Academy of Management Review, 1988, 13 （3）: 442 – 453.

［88］ Birley S, Westhead P. A comparison of new businesses established by novice and habitual founders in Great Britain ［J］. International Small Business Journal, 1993, 12 （1）: 38 – 60.

［89］ Bouchikhi H. A constructivist framework for understanding entrepreneurship performance ［J］. Organization Studies, 1993, 14 （4）: 549 – 570.

［90］ Boyd N G, Vozikis G S. The influence of self – efficacy on the development of entrepreneurial intentions and actions ［J］. Entrepreneurship Theory and Practice, 1994 （18）: 63.

［91］ Bradley G W. Self – serving biases in the attribution process: A reexamination of the fact or fiction question ［J］. Journal of Personality and Social Psychology, 1978, 36 （1）: 56.

［92］ Bruyat C, Julien P A. Defining the field of research in entrepreneurship ［J］. Journal of Business Venturing, 2001, 16 （2）: 165 – 180.

［93］ Buchanan B G, Barstow D, Bechtal R, et al. Constructing an expert system ［J］. Building Expert Systems, 1983 （50）: 127 – 167.

［94］ Buchanan B. Building organizational commitment: The socialization of managers in work organizations ［J］. Administrative Science Quarterly, 1974 （19）: 533 – 546.

［95］ Burns A T, Acar W, Datta P. A qualitative exploration of entrepreneurial knowledge transfers [J]. Journal of Knowledge Management, 2011, 15 (2): 270 – 298.

[96] Busenitz L W, Barney J B. Biases and heuristics in strategic decision making: Differences between entrepreneurs and managers in large organizations [J]. Academy of Management, 1994 (1): 85 – 89.

[97] Busenitz L W, Barney J B. Differences between entrepreneurs and managers in large organizations: Biases and heuristics in strategic decision – making [J]. Journal of Business Venturing, 1997, 12 (1): 9 – 30.

[98] Busenitz L W, West G P, Shepherd D, et al. Entrepreneurship research in emergence: Past trends and future directions [J]. Journal of Management, 2003, 29 (3): 285 – 308.

[99] Busenitz L W. Cognitive biases in strategic decision – making: Heuristics as a differentiator between managers in large organizations and entrepreneurs [C]. Texas University System, 1992.

[100] Byrne O, Shepherd D A. Different strokes for different folks: Entrepreneurial narratives of emotion, cognition, and making sense of business failure [J]. Entrepreneurship Theory and Practice, 2015, 39 (2): 375 – 405.

[101] Bandura A. Self – efficacy: The exercise of control [M]. New York: Freeman and Company, 1997.

[102] Cannon M D, Edmondson A C. Confronting failure: Antecedents and consequences of shared beliefs about failure in organizational work groups [J]. Journal of Organizational Behavior, 2001, 22 (2): 161 – 177.

[103] Cardon M S, Foo M D, Shepherd D, et al. Exploring the heart: Entrepreneurial emotion is a hot topic [J]. Entrepreneurship Theory and Practice, 2012, 36 (1): 1 – 10.

[104] Cardon M S, Kirk C P. Entrepreneurial passion as mediator of the self – efficacy to persistence relationship [J]. Entrepreneurship Theory and Practice, 2015, 39 (5): 1027 – 1050.

[105] Cardon M S, Zietsma C, Saparito P, et al. A tale of passion: New insights

into entrepreneurship from a parenthood metaphor [J]. Journal of Business Venturing, 2005, 20 (1): 23 – 45.

[106] Carolis D M, Saparito P. Social capital, cognition and entrepreneurial opportunities: A theoretical framework [J]. Entrepreneurship Theory and Practice, 2006 (30): 41 – 56.

[107] Carr J C, Sequeira J M. Prior family business exposure as intergenerational influence and entrepreneurial intent: A theory of planned behavior approach [J]. Journal of Business Research, 2007, 60 (10): 1090 – 1098.

[108] Carter S, Shaw E, Lam W, et al. Gender, entrepreneurship, and bank lending: The criteria and processes used by bank loan officers in assessing applications [J]. Entrepreneurship Theory and Practice, 2007, 31 (3): 427 – 444.

[109] Cavazos D E, Patel P, Wales W. Mitigating environmental effects on new venture growth: The critical role of stakeholder integration across buyer and supplier groups [J]. Journal of Business Research, 2012, 65 (9): 1243 – 1250.

[110] Chadwick I C, Raver J L. Motivating organizations to learn goal orientation and its influence on organizational learning [J]. Journal of Management, 2015, 41 (3): 957 – 986.

[111] Chang Y Y, Gong Y, Peng M W. Expatriate knowledge transfer, subsidiary absorptive capacity, and subsidiary performance [J]. Academy of Management Journal, 2012, 55 (4): 927 – 948.

[112] Casser G. Industry and startup experience on entrepreneur forecast performance in new firms [J]. Journal of Business Venturing, 2014 (29): 137 – 151.

[113] Chattopadhyay R. Attribution style and entrepreneurial success: A study based on Indian culture [J]. Journal of Enterprising Culture, 2007, 15 (3): 301 – 316.

[114] Chen C C, Greene P G, Crick A. Does entrepreneurial self – efficacy distinguish entrepreneurs from managers? [J]. Journal of Business Venturing, 1998, 13 (4): 295 – 316.

[115] Choi Y R, Lévesque M, Shepherd D A. When should entrepreneurs expe-

dite or delay opportunity exploitation? [J] . Journal of Business Venturing, 2008, 23 (3): 333 –355.

[116] Choi Y R, Shepherd D A. Entrepreneurs' decisions to exploit opportunities [J] . Journal of Management, 2004, 30 (3): 377 –395.

[117] Clapham S E, Schwenk C R. Self – serving attributions, managerial cognition, and company performance [J] . Strategic Management Journal, 1991, 12 (3): 219 –229.

[118] Cohen W M, Levinthal D A. Absorptive capacity: A new perspective on learning and innovation [J] . Administrative Science Quarterly, 1990 (35): 128 –152.

[119] Colquitt J A, Scott B A, Rodell J B, et al. Justice at the millennium, a decade later: A meta – analytic test of social exchange and affect – based perspectives [J] . Journal of Applied Psychology, 2013, 98 (2): 199.

[120] Cope J, Watts G. Learning by doing—An exploration of experience, critical incidents and reflection in entrepreneurial learning [J] . International Journal of Entrepreneurial Behavior & Research, 2000, 6 (3): 104 –124.

[121] Cope J. Entrepreneurial learning from failure: An interpretative phenomenological analysis [J] . Journal of Business Venturing, 2011, 26 (6): 604 –623.

[122] Cope J. Toward a dynamic learning perspective of entrepreneurship [J] . Entrepreneurship Theory and Practice, 2005, 29 (4): 373 –397.

[123] Corbett A C. Experiential learning within the process of opportunity identification and exploitation [J] . Entrepreneurship Theory and Practice, 2005, 29 (4): 473 –491.

[124] Corbett A C. Learning asymmetries and the discovery of entrepreneurial opportunities [J] . Journal of Business Venturing, 2007 (22): 97 –118.

[125] Cross M. New firm formation and regional development [M] . Brookfield, VT: Gower Publishing Company, 1981.

[126] Cassar G, Holmes S. Capital structure and financing of SMEs: Australian evidence [J] . Accounting & Finance, 2014, 43 (2): 123 –147.

［127］ Cronbach L. Coefficient alpha and the internal structure of tests ［J］. Psychometrika, 1951, 16 (3): 297 – 334.

［128］ De Clercq D, Rius I B. Organizational commitment in Mexican small and medium – sized firms: The role of work status, organizational climate, and entrepreneurial orientation ［J］. Journal of Small Business Management, 2007, 45 (4): 467 – 490.

［129］ De Clercq D, Dimov D, Thongpapanl N T. Organizational social capital, formalization, and internal knowledge sharing in entrepreneurial orientation formation ［J］. Entrepreneurship Theory and Practice, 2013, 37 (3): 505 – 537.

［130］ De Jong J. The Decision to exploit opportunities for innovation: A study of high – tech small – business owners ［J］. Entrepreneurship Theory and Practice, 2013, 37 (2): 281 – 301.

［131］ De Noble A F, Jung D, Ehrlich B. Entrepreneurial self – efficacy: The development of a measure and its relationship to entrepreneurial intentions and actions ［J］. Entrepreneurship Theory and Practice, 1999, 18 (4): 63 – 77.

［132］ Delmar F, Shane S. Does business planning facilitate the development of new ventures? ［J］. Strategic Management Journal, 2003, 24 (12): 1165 – 1185.

［133］ Dew N, Read S, Sarasvathy S D, et al. Effectual versus predictive logics in entrepreneurial decision – making: Differences between experts and novices ［J］. Journal of Business Venturing, 2009, 24 (4): 287 – 309.

［134］ DeTienne D R, Chandler G N. The impact of motivation and causation and effectuation approaches on exit strategies ［J］. Frontiers of Entrepreneurship Research, 2010, 30 (1): 1.

［135］ Dohle S, Keller C, Siegrist M. Examining the relationship between affect and implicit associations: Implications for risk perception ［J］. Risk Analysis, 2010, 30 (7): 1116 – 1128.

［136］ Donckels R, Dupont B, Michel P. Multiple Business Starters Who? Why? What? ［J］. Journal of Small Business & Entrepreneurship, 1987, 5 (1): 48 – 63.

［137］ Douglas E J, Shepherd D A. Self – employment as a career choice: Attitudes, entrepreneurial intentions, and utility maximization [J] . Entrepreneurship Theory and Practice, 2002, 26 (3): 81 – 90.

[138] Eckhardt T, Shane S A. Opportunities and entrepreneurship [J] . Journal of Management, 2003, 29 (3): 333 – 349.

[139] Eesley C, Robert E. The second time around? Repeated entrepreneurs around MIT [C] . Babson Conference, 2006.

[140] Eggers J P, Lin S. Dealing with failure: Serial entrepreneurs and the costs of changing industries between ventures [J] . Academy of Management Journal, 2015, 58 (6): 1785 – 1803.

[141] Elena M, Chavez E, Carlos R. , Artuno C.. Empirical evidence on locus of control among owner and manager and its relation to success firms [J] . Journal of Emerging Trends in Economics and Management Sciences, 2015, 6 (3): 177 – 184.

[142] Erikson T. Entrepreneurial capital: The emerging venture's most important asset and competitive advantage [J] . Journal of Business Venturing, 2002, 17 (3): 275 – 290.

[143] Farsi J Y, Imanipour N, Shirana Mahlouji D. Effects of experience on applying entrepreneurial decision heuristics [J] . Global Journal of Human – Social Science Research, 2012, 12 (3): 43 – 50.

[144] Fayolle A, Basso O, Tornikoski E. Entrepreneurial commitment and new venture creation [R] . Handbook of New Venture Creation Research, Cheltenham, UK, 2010.

[145] Feldman J M. Beyond attribution theory: Cognitive processes in performance appraisal [J] . Journal of Applied Psychology, 1981, 66 (2): 127.

[146] Finucane M L, Alhakami A, Slovic P, et al. The affect heuristic in judgments of risks and benefits [J] . Journal of Behavioral Decision Making, 2000, 13 (1): 1 – 17.

[147] Fiske S T, Taylor S E. Social cognition: From brains to culture [M]. Thousand Oaks: Sage Publications Inc. , 2013.

[148] Foo M D, Uy M A, Baron R A. How do feelings influence effort? An em-

pirical study of entrepreneurs' affect and venture effort [J]. Journal of Applied Psychology, 2009, 94 (4): 1086.

[149] Foo M D, Uy M A, Murnieks C. Beyond affective valence: Untangling valence and activation influences on opportunity identification [J]. Entrepreneurship Theory and Practice, 2015, 39 (2): 407 – 431.

[150] Foo M D. Emotions and entrepreneurial opportunity evaluation [J]. Entrepreneurship Theory and Practice, 2011, 35 (2): 375 – 393.

[151] Forbes D P. Are some entrepreneurs more overconfident than others? [J]. Journal of Business Venturing, 2005, 20 (5): 623 – 640.

[152] Forbes D P. The effects of strategic decision making on entrepreneurial self – efficacy [J]. Entrepreneurship Theory and Practice, 2005, 29 (5): 599 – 626.

[153] Forster W, York J. The effects of effectual logic: Nascent entrepreneurial performance and effectuation [C]. Academy of Management Annual Meeting, Chicago, 2009.

[154] Foss N J, Lyngsie J, Zahra S A. The role of external knowledge sources and organizational design in the process of opportunity exploitation [J]. Strategic Management Journal, 2013, 34 (12): 1453 – 1471.

[155] Fuentes M M F, Arroyo M R, Bojica A M, et al. Prior knowledge and social networks in the exploitation of entrepreneurial opportunities [J]. International Entrepreneurship and Management Journal, 2010, 6 (4): 481 – 501.

[156] Gaglio C M, Katz J A. The psychological basis of opportunity identification: Entrepreneurial alertness [J]. Small Business Economics, 2001, 16 (2): 95 – 111.

[157] Garonne C, Davidsson P. Do strategy choices matter for nascent firms? Effectuation in the early stages of venture creation [C]. Academy of Management Annual Meeting Proceedings, Academy of Management, 2010.

[158] Gemmell R M, Boland R J, Kolb D A. The socio – cognitive dynamics of entrepreneurial ideation [J]. Entrepreneurship Theory and Practice, 2012, 36 (5): 1053 – 1073.

［159］Gibbs J C. Moral development and reality: Beyond the theories of Kohlberg, Hoffman, and Haidt ［M］. New York: Oxford University Press, 2013.

［160］Gibbs R. Exploring the influence of task – specific self – efficacy on opportunity recognition perceptions and behaviors ［J］. Frontiers of Entrepreneurship Research, 2009, 29（6）: 1.

［161］Gielnik M M, Zacher H, Frese M. Focus on opportunities as a mediator of the relationship between business owners' age and venture growth ［J］. Journal of Business Venturing, 2012, 27（1）: 127 – 142.

［162］Gilovich T, Griffin D, Kahneman D. Heuristics and biases: The psychology of intuitive judgment ［M］. Cambridge: Cambridge University Press, 2002.

［163］Gist M E, Mitchell T R. Self – efficacy: A theoretical analysis of its determinants and malleability ［J］. Academy of Management Review, 1992, 17（2）: 183 – 211.

［164］Gompers P, Lerner L. Venture capital ［A］//Espen E（eds）. Handbook of Corporate Finance ［C］. Hanover, Dartmouth College Press, 2007（1）: 469 – 558.

［165］Grégoire D A, Cornelissen J, Dimov D, et al. The mind in the middle: Taking stock of affect and cognition research in entrepreneurship ［J］. International Journal of Management Reviews, 2015, 17（2）: 125 – 142.

［166］Grichnik D, Smeja A, Welpe I. The importance of being emotional: How do emotions affect entrepreneurial opportunity evaluation and exploitation? ［J］. Journal of Economic Behavior and Organization, 2010, 76（1）: 15 – 29.

［167］Gartner W B. Handbook of entrepreneurial dynamics: the process of business creation ［M］. London: SAGE Publications, 2004.

［168］Gordon, Scott R. Interpersonal trust, vigilance and social networks roles in the process of entrepreneurial opportunity recognition ［J］. International Journal of Entrepreneurship and Small Business, 2007, 4（5）: 564 – 585.

［169］Hagan A, Buck C E, Daneshkhah A, et al. Uncertain judgments: Eliciting experts' probabilities ［M］. West Sussex, UK: John Wiley & Sons, 2006.

［170］Halpern D F. Thought and knowledge：An introduction to critical thinking ［M］. London：Routledge，2002.

［171］Hayton J C, Cholakova M. The role of affect in the creation and intentional pursuit of entrepreneurial ideas ［J］. Entrepreneurship Theory and Practice，2012，36 （1）：41 –68.

［172］Hindle K, Senderovitz M. Unifying the three principal contending approaches to explaining early stage entrepreneurial decision – making and behavior ［C］. 30th Babson College Entrepreneurship Research Conference，2010：9 – 12.

［173］Hmieleski K M, Baron R A. Entrepreneurs' optimism and new venture performance：A social cognitive perspective ［J］. Academy of Management Journal, 2009，52 （3）：473 –488.

［174］Hmieleski K M, Baron R A. Regulatory focus and new venture performance：A study of entrepreneurial opportunity exploitation under conditions of risk versus uncertainty ［J］. Strategic Entrepreneurship Journal，2008，2 （4）：285 –299.

［175］Hoang H, Gimeno J. Becoming a founder：How founder role identity affects entrepreneurial transitions and persistence in founding ［J］. Journal of Business Venturing，2010，25 （1）：41 –53.

［176］Holcomb T R, Ireland R D, Holmes R M, et al. Architecture of entrepreneurial learning：Exploring the link among heuristics, knowledge, and action ［J］. Entrepreneurship Theory and Practice，2009，33 （1）：167 – 192.

［177］Hsu D K, Wiklund J, Cotton R D. Success, failure, and entrepreneurial reentry：An experimental assessment of the veracity of self – efficacy and prospect theory ［J］. Entrepreneurship Theory and Practice，2015 （4）：1 –29.

［178］Heider F. The psychology of interpersonal relations ［M］. New York：Wiley Publishers, Lawrence Erlbaum Associates，1958.

［179］Ishikawa T, Montello D R. Spatial knowledge acquisition from direct experience in the environment：Individual differences in the development of metric knowledge and the integration of separately learned places ［J］. Cognitive psychology，2006, 52 （2）：93 –129.

[180] Jansen P, Van Den Bosch J, Volberda H W. Managing potential and realized absorptive capacity: How do organizational antecedents matter? [J]. Academy of Management Journal, 2005, 48 (6): 999 – 1015.

[181] Jantunen A. Knowledge – processing capabilities and innovative performance: An empirical study [J]. European Journal of Innovation Management, 2005, 8 (3): 336 – 349.

[182] Javalgi G, Todd P R. Entrepreneurial orientation, management commitment, and human capital: The internationalization of SMEs in India [J]. Journal of Business Research, 2011, 64 (9): 1004 – 1010.

[183] Kasouf C J, Morrish S C, Miles M P. The moderating role of explanatory style between experience and entrepreneurial self – efficacy [J]. International Entrepreneurship and Management Journal, 2015, 11 (1): 1 – 17.

[184] Kehoe R R, Wright P M. The impact of high – performance human resource practices on employees' attitudes and behaviors [J]. Journal of Management, 2013, 39 (2): 366 – 391.

[185] Kickul J, Gundry L K, Barbosa S D, et al. Intuition versus analysis? Testing differential models of cognitive style on entrepreneurial self – efficacy and the new venture creation process [J]. Entrepreneurship Theory and Practice, 2009, 33 (2): 439 – 453.

[186] Kirschenhofer F, Lechner C. Performance drivers of serial entrepreneurs: Entrepreneurial and team experience [J]. International Journal of Entrepreneurial Behavior & Research, 2012, 18 (3): 305 – 329.

[187] Kirzner I M. Competition and entrepreneurship [M]. Chicago: University of Chicago Press, 1973.

[188] Klaukien A, Shepherd D A, Patzelt H. Passion for work, nonwork – related excitement, and innovation managers decision to exploit new product opportunities [J]. Journal of Product Innovation Management, 2013, 30 (3): 574 – 588.

[189] Knockaert M, Bjornali E S, Erikson T. Joining forces: Top management team and board chair characteristics as antecedents of board service involvement [J].

Journal of Business Venturing, 2015, 30 (3): 420 – 435.

[190] Koh H. Testing hypotheses of entrepreneurial characteristics: A study of Hong Kong MBA students [J]. Journal of Managerial Psychology, 1996, 11 (3): 12 – 25.

[191] Kolb A Y, Kolb D A. Learning styles and learning spaces: Enhancing experiential learning in higher education [J]. Academy of Management Learning & Education, 2005, 4 (2): 193 – 212.

[192] Kolb D A, Boyatzis R E, Mainemelis C. Experiential learning theory: Previous research and new directions [J]. Perspectives on Thinking, Learning, and Cognitive Styles, 2001 (1): 227 – 247.

[193] Kolb D. Experiential learning: Experience as the source of learning and development [M]. Englewood Cliffs, NJ: Prentice – Hall, 1984.

[194] Kolvereid L, Bullvag E. Novices versus experienced founders: An exploratory investigation [A] //Birley S, MacMillan C (eds). Entrepreneurship Research: Global Perspectives [C]. Amsterdan, Elsevier Science Publishers, 1993: 275 – 285.

[195] Kolvereid L, Isaksen E. New business start – up and subsequent entry into self – employment [J]. Journal of Business Venturing, 2006, 21 (6): 866 – 885.

[196] Krech D, Crutchfield R S. Theory and problems of social psychology [M]. New York: McGraw – Hill Book, 1948.

[197] Kreiser P, Marino L, Davis J, et al. Firm – level entrepreneurship: The role of proactiveness, innovativeness and strategic renewal in the creation and exploration of opportunities [J]. Journal of Developmental Entrepreneurship, 2010, 15 (2): 143 – 163.

[198] Krueger F, Day M. Looking forward, looking backward: From entrepreneurial cognition to neuro – entrepreneurship [C]. Handbook of Entrepreneurship Research, Springer New York, 2010: 321 – 357.

[199] Krueger N F, Brazeal D V. Entrepreneurial potential and potential entrepreneurs [J]. Entrepreneurship Theory and Practice, 1994 (18): 91.

[200] Krueger N F, Carsrud A L. Entrepreneurial intentions: Applying the theory

of planned behavior [J] . Entrepreneurship & Regional Development, 1993, 5 (4): 315 – 330.

[201] Krueger N F, Day M. Looking forward, looking backward: From entrepreneurial cognition to neuro – entrepreneurship [C] . Handbook of Entrepreneurship Research, Springer New York, 2010: 321 – 357.

[202] Krueger N F, Dickson P R. Perceived self – efficacy and perceptions of opportunity and threat [J] . Psychological Reports, 1993, 72 (3c): 1235 – 1240.

[203] Krueger N F, Reilly M D, Carsrud A L. Competing models of entrepreneurial intentions [J] . Journal of Business Venturing, 2000, 15 (5): 411 – 432.

[204] Krueger N F. The cognitive psychology of entrepreneurship [A] //Acs Z J, Audretsch D B (eds) . Handbook of Entrepreneurship Research, Springer US, 2003: 105 – 140.

[205] Krueger N F. The impact of prior entrepreneurial exposure on perceptions of new venture feasibility and desirability [J] . Entrepreneurship Theory and Practice, 1993, 18 (1): 5 – 21.

[206] Krueger N F. What lies beneath? The experiential essence of entrepreneurial thinking [J] . Entrepreneurship Theory and Practice, 2007, 31 (1): 123 – 138.

[207] Krueger N, Dickson P R. How believing in ourselves increases risk taking: Perceived self – efficacy and opportunity recognition [J] . Decision Sciences, 1994, 25 (3): 385 – 400.

[208] Krueger N. Encouraging the identification of environmental opportunities [J] . Journal of Organizational Change Management, 1998, 11 (2): 174 – 183.

[209] Kupferberg F. Humanistic entrepreneurship and entrepreneurial career commitment [J] . Entrepreneurship & Regional Development, 1998, 10 (3): 171 – 188.

[210] Kirzner M. Perception, opportunity and profit: Studies in the theory of entrepreneurship [M] . Chicago: The University of Chicago Press, 1980.

[211] Krueger N F, Welpe I M. Experimental entrepreneurship: A research prospectus [J/OL] . Ssrn Electronic Journal, papers. ssrn. com/abstract_ id = 1146745,

2008 (1).

[212] Landier A, Thesmar D. Financial contracting with optimistic entrepreneurs [J]. Review of Financial Studies, 2009, 22 (1): 117 - 150.

[213] Lane P J, Koka B R, Pathak S. The retification of absorptive capacity: A critical review and rejuvenation of the construct [J]. Academy of Management Review, 2006, 31 (4): 833 - 863.

[214] Lane P J, Salk J E, Lyles M A. Absorptive capacity, learning, and performance in international joint ventures [J]. Strategic Management Journal, 2001, 22 (12): 1139 - 1161.

[215] Lee L, Wong P K, Der Foo M, et al. Entrepreneurial intentions: The influence of organizational and individual factors [J]. Journal of Business Venturing, 2011, 26 (1): 124 - 136.

[216] Lester S W, Meglino B M, Korsgaard M A. The antecedents and consequences of group potency: A longitudinal investigation of newly formed work groups [J]. Academy of Management Journal, 2002, 45 (2): 352 - 368.

[217] Li H. How does new venture strategy matter in the environment - performance relationship? [J]. The Journal of High Technology Management Research, 2001, 12 (2): 183 - 204.

[218] Li J, Poppo L, Zhou K Z. Relational mechanisms, formal contracts, and local knowledge acquisition by international subsidiaries [J]. Strategic Management Journal, 2010, 31 (4): 349 - 370.

[219] Liao S H, Fei W C, Chen C C. Knowledge sharing, absorptive capacity, and innovation capability: An empirical study of Chinese Taiwan's knowledge - intensive industries [J]. Journal of Information Science, 2007, 33 (3): 340 - 359.

[220] Linan F, Chen Y W. Development and cross - cultural application of a specific instrument to measure entrepreneurial intentions [J]. Entrepreneurship Theory and Practice, 2009, 33 (3): 593 - 617.

[221] Lucas W A, Cooper S Y. Measuring entrepreneurial self - efficacy [C]. EDGE Conference: Bridging the Gap: Entrepreneurship in Theory and Practice, Singa-

pore, 2005: 11 – 13.

[222] Lumpkin G T, Lichtenstein B B. The role of organizational learning in the opportunity – recognition process [J] . Entrepreneurship Theory and Practice, 2005, 29 (4): 451 – 472.

[223] Lyles M A, Salk J E. Knowledge acquisition from foreign parents in international joint ventures: An empirical examination in the Hungarian context [J]. Journal of International Business Studies, 2007 (38): 3 – 18.

[224] Ma R, Huang Y C, Shenkar O. Social networks and opportunity recognition: A cultural comparison between Chinese Taiwan and the United States [J]. Strategic Management Journal, 2011, 32 (11): 1183 – 1205.

[225] MacMillan C. To really learn about entrepreneurship, let's study habitual entrepreneurs [C] . Wharton School of the University of Pennsylvania, Snider Entrepreneurial Center, 1986.

[226] Mantere S, Aula P, Schildt H, et al. Narrative attributions of entrepreneurial failure [J] . Journal of Business Venturing, 2013, 28 (4): 459 – 473.

[227] Markman G D, Baron R A, Balkin D B. Are perseverance and self – efficacy costless? Assessing entrepreneurs' regretful thinking [J] . Journal of Organizational Behavior, 2005, 26 (1): 1 – 19.

[228] McCarthy A M, Schoorman F D, Cooper A C. Reinvestment decisions by entrepreneurs: Rational decision – making or escalation of commitment? [J] . Journal of Business Venturing, 1993, 8 (1): 9 – 24.

[229] McGee J E, Peterson M, Mueller S L, et al. Entrepreneurial self – efficacy: Refining the measure [J] . Entrepreneurship Theory and Practice, 2009, 33 (4): 965 – 988.

[230] McGrath R G. Falling forward: Real options reasoning and entrepreneurial failure [J] . Academy of Management Review, 1999, 24 (1): 13 – 30.

[231] McKelvie A, Haynie J M, Gustavsson V. Unpacking the uncertainty construct: Implications for entrepreneurial action [J] . Journal of Business Venturing, 2011, 26 (3): 273 – 292.

[232] McMullen J S, Plummer L A, Acs Z J. What is an entrepreneurial opportunity? [J]. Small Business Economics, 2007, 28 (4): 273 –283.

[233] McMullen J S, Shepherd D A. Entrepreneurial action and the role of uncertainty in the theory of the entrepreneur [J]. Academy of Management Review, 2006, 31 (1): 132 –152.

[234] Miller D T, Ross M. Self – serving biases in the attribution of causality: Fact or fiction? [J]. Psychological Bulletin, 1975, 82 (2): 213.

[235] Minniti M, Bygrave W. A dynamic model of entrepreneurial learning [J]. Entrepreneurship Theory and Practice, 2001, 25 (3): 5 –16.

[236] Mitchell R K, Busenitz L, Lant T, et al. Toward a theory of entrepreneurial cognition: Rethinking the people side of entrepreneurship research [J]. Entrepreneurship Theory and Practice, 2002, 27 (2): 93 –104.

[237] Mitchell R K, Busenitz L W, Bird B, et al. The central question in entrepreneurial cognition research [J]. Entrepreneurship Theory and Practice, 2007, 31 (1): 1 –27.

[238] Mitchell R K, Smith B, Seawright K W, et al. Cross – cultural cognitions and the venture creation decision [J]. Academy of Management Journal, 2000, 43 (5): 974 –993.

[239] Morris M H, Kuratko D F, Schindehutte M, Spicack A J. Framing the entrepreneurial experience [J]. Entrepreneurship Theory and Practice, 2012 (1): 11 –40.

[240] Moss S, Prosser H, Costello H, et al. Reliability and validity of the PAS – ADD checklist for detecting psychiatric disorders in adults with intellectual disability [J]. Journal of Intellectual Disability Research, 1998, 42 (2): 173 –183.

[241] Mowday R T, Porter L W, Steers R M. Employee – organization linkages: The psychology of commitment, absenteeism, and turnover [M]. New York: Academic Press, 2013.

[242] Mueller B A, Shepherd D A. Making the most of failure experiences: Exploring the relationship between business failure and the identification of business oppor-

tunities [J] . Entrepreneurship Theory and Practice, 2014, 23 (3): 16 – 25.

[243] Myers D G. Pursuit of happiness: Discovering the pathway to fulfillment, well – being, and enduring personal joy [C] . Harper Paperbacks, 1993.

[244] Mowday R T, Porter L W, Steers R M. Development of organizational commitment [M] . NewYork: Employee Organization Linkages, 1982.

[245] Neisser U. Cognitive psychology [M]. New York: Appleton Century Crafts, 1967.

[246] Nieto M, Quevedo P. Absorptive capacity, technological opportunity, knowledge spillovers, and innovative effort [J] . Technovation, 2005, 25 (10): 1141 – 1157.

[247] Nonaka I, Takeuchi H. The knowledge – creating company: How Japanese companies create the dynamics of innovation [M] . New York: Oxford University Press, 1995.

[248] Norman P M. Knowledge acquisition, knowledge loss, and satisfaction in high technology alliances [J] . Journal of Business Research, 2004, 57 (6): 610 – 619.

[249] Olson P D. Entrepreneurship: Process and abilities [J] . American Journal of Small Business, 1985, 10 (1): 25 – 31.

[250] Ouweneel E, Pascale M, Blanca L, Schaufeli W B. Flourishing students: A longitudinal study on positive emotions, personal resources and study engagement [J] . The Journal of Positive Psychology, 2011, 6 (2): 142 – 153.

[251] Ozgen E, Baron R A. Social sources of information in opportunity recognition: Effects of mentors, industry networks, and professional forums [J] . Journal of Business Venturing, 2007, 22 (2): 174 – 192.

[252] Parker S C. Do serial entrepreneurs run successively better – performing businesses? [J] . Journal of Business Venturing, 2013, 28 (5): 652 – 666.

[253] Pavlou P A, El Sawy O A. From IT leveraging competence to competitive advantage in turbulent environments: The case of new product development [J]. Information Systems Research, 2006, 17 (3): 198 – 227.

[254] Payne N, Jones F, Harris P. The impact of working life on health behavior: The effect of job strain on the cognitive predictors of exercise [J]. Journal of Occupational Health Psychology, 2002, 7 (4): 342.

[255] Peterson C, Villanova P. An expanded attributional style questionnaire [J]. Journal of Abnormal Psychology, 1988, 97 (1): 87.

[256] Petkova A P. A theory of entrepreneurial learning from performance errors [J]. International Entrepreneurship and Management Journal, 2009, 5 (4): 345 – 367.

[257] Phelan S E, Alder S. An experimental study of entrepreneurial exploitation [C]. The Annual Meeting of the Academy of Management, Honolulu, 2005.

[258] Pinto J. Entrepreneurs' cognitive biases and heuristics in entrepreneurial team recruitment [C]. Academy of Management Proceedings, Academy of Management, 2014 (1): 139 – 176.

[259] Plehn – Dujowich J. A theory of serial entrepreneurship [J]. Small Business Economics, 2010, 35 (4): 377 – 398.

[260] Podoynitsyna K, Van der Bij H, Song M. The role of mixed emotions in the risk perception of novice and serial entrepreneurs [J]. Entrepreneurship Theory and Practice, 2012, 36 (1): 115 – 140.

[261] Polanyi M. The tacit knowledge [M]. London: Routledge and Kegan Paul, 1966.

[262] Politis D. Does prior start – up experience matter for entrepreneurs' learning? A comparison between novice and habitual entrepreneurs [J]. Journal of Small Business and Enterprise Development, 2008, 15 (3): 472 – 489.

[263] Politis D. The process of entrepreneurial learning: A conceptual framework [J]. Entrepreneurship Theory and Practice, 2005, 29 (4): 399 – 424.

[264] Rae D, Carswell M. Using a life – story approach in researching entrepreneurial learning: The development of a conceptual model and its implications in the design of learning experiences [J]. Education and Training, 2000, 42 (4/5): 220 – 228.

[265] Rae D. Entrepreneurial learning: A conceptual framework for technology – based enterprise [J]. Technology Analysis and Strategic Management, 2006, 18 (1): 39 – 56.

[266] Ravasi D, Turati C. Exploring entrepreneurial learning: A comparative study of technology development projects [J]. Journal of Business Venturing, 2005, 20 (1): 137 – 164.

[267] Ray L. Requirement for knowledge management: Business driving information technology [J]. Journal of Knowledge Management, 2008, 12 (3): 156 – 168.

[268] Read S J. Constructing causal scenarios: A knowledge structure approach to causal reasoning [J]. Journal of Personality and Social Psychology, 1987, 52 (2): 288.

[269] Rerup C. Learning from past experience: Footnotes on mindfulness and habitual entrepreneurship [J]. Scandinavian Journal of Management, 2005, 21 (4): 451 – 472.

[270] Rhodes R E, Courneya K S. Investigating multiple components of attitude, subjective norm, and perceived control: An examination of the theory of planned behaviour in the exercise domain [J]. British Journal of Social Psychology, 2003, 42 (1): 129 – 146.

[271] Rogoff E G, Lee M S, Suh D C. "Who done it?" Attributions by entrepreneurs and experts of the factors that cause and impede small business success [J]. Journal of Small Business Management, 2004, 42 (4): 364 – 376.

[272] Rae D, Carswell M. Towards a conceptual understanding of entrepreneurial learning [J]. Journal of Small Business & Enterprise Development, 2001, 8 (2): 150 – 158.

[273] Safari K, Haghighi A S, Rastegar A, et al. The relationship between psychological empowerment and organizational learning [J]. Procedia – Social and Behavioral Sciences, 2011 (30): 1147 – 1152.

[274] Salancik G R, Meindl J R. Corporate attribution as strategic illusions of management control [J]. Administrative Science Quarterly, 1984, 29 (2): 238 – 254.

[275] Sarasvathy S D, Simon H A. Effectuation, near – decomposability, and the creation and growth of entrepreneurial firms [C]. First Annual Research Policy Technology Entrepreneurship Conference, 2000.

[276] Sarasvathy S D. Causation and effectuation: Toward a theoretical shift from economic inevitability to entrepreneurial contingency [J]. Academy of Management Review, 2001, 26 (2): 243 – 263.

[277] Schaper M, Mankelow G, Gibson B. Are serial entrepreneurs different? An examination of australian microfirms [J]. Journal of Small Business and Entrepreneurship, 2007, 20 (1): 15 – 24.

[278] Schunk D H, Barry J Z. Self – regulated learning: From teaching to self – reflective practice [M]. New York: Guilford Press, 1998.

[279] Schwarzer R. Self – efficacy: Thought control of action [M]. New York: Taylor and Francis, 2014.

[280] Segal G, Borgia D, Schoenfeld J. The motivation to become an entrepreneur [J]. International Journal of Entrepreneurial Behavior & Research, 2005, 11 (1): 42 – 57.

[281] Sequeira J, Mueller S L, Mcgee J E. The influence of social ties and self – efficacy in forming entrepreneurial intentions and motivating nascent behavior [J]. Journal of Developmental Entrepreneurship, 2007, 12 (3): 275 – 293.

[282] Sexton J C, Holcomb T R. Entrepreneurial knowledge in the evaluation of venture creature opportunities: The effect of different knowledge types on the decision to exploit [J]. Frontiers of Entrepreneurship Research, 2009, 29 (6): 17.

[283] Shane S A. A general theory of entrepreneurship: The individual – opportunity nexus [M]. Cheltenham Edward Elgar Publishing, 2003.

[284] Shane S, Locke E A, Collins C J. Entrepreneurial motivation [J]. Human Resource Management Review, 2003, 13 (2): 257 – 279.

[285] Shane S, Venkataraman S. The promise of entrepreneurship as a field of research [J]. Academy of Management Review, 2000, 25 (1): 217 – 226.

[286] Shane S. Prior knowledge and the discovery of entrepreneurial opportunities

[J] . Organization Science, 2000, 11 (4): 448 – 469.

[287] Shapero A. The displaced, uncomfortable entrepreneurs [J] . Psychology Today, 1975, 9 (6): 83 – 88.

[288] Sharma P, Irving P G. Four bases of family business successor commitment: Antecedents and consequences [J] . Entrepreneurship Theory and Practice, 2005, 29 (1): 13 – 33.

[289] Shepherd D A, Covin J G, Kuratko D F. Project failure from corporate entrepreneurship: Managing the grief process [J] . Journal of Business Venturing, 2009, 24 (6): 588 – 600.

[290] Shepherd D A, McMullen J S, Jennings P D. The formation of opportunity beliefs: Overcoming ignorance and reducing doubt [J] . Strategic Entrepreneurship Journal, 2007, 1 (1 – 2): 75 – 95.

[291] Shepherd D A, Patzelt H, Baron R A. "I care about nature, but…": Disengaging values in assessing opportunities that cause harm [J] . Academy of Management Journal, 2013, 56 (5): 1251 – 1273.

[292] Shepherd D A, Patzelt H, Wolfe M. Moving forward from project failure: Negative emotions, affective commitment, and learning from the experience [J]. Academy of Management Journal, 2011, 54 (6): 1229 – 1259.

[293] Shepherd D A. Grief recovery from the loss of a family business: A multi and meso – level theory [J] . Journal of Business Venturing, 2009 (24): 81 – 97.

[294] Shepherd D A. Learning from business failure: Propositions of grief recovery for the self – employed [J] . Academy of Management Review, 2003, 28 (2): 318 – 328.

[295] Shepperd J, Malone W, Sweeny K. Exploring Causes of the Self – serving Bias [J] . Social and Personality Psychology Compass, 2008, 2 (2): 895 – 908.

[296] Shinnar R S, Hsu D K, Powell B C. Self – efficacy, entrepreneurial intentions, and gender: Assessing the impact of entrepreneurship education longitudinally [J] . The International Journal of Management Education, 2014, 12 (3): 561 – 570.

[297] Shook C L, Priem R L, McGee J E. Venture creation and the enterprising

individual: A review and synthesis [J]. Journal of Management, 2003, 29 (3): 379 – 399.

[298] Simon M, Houghton S M, Aquino K. Cognitive biases, risk perception, and venture formation: How individuals decide to start companies [J]. Journal of Business Venturing, 2000, 15 (2): 113 – 134.

[299] Sleptsov A, Anand J. Exercising entrepreneurial opportunities: The role of information – gathering and information – processing capabilities of the firm [J]. Strategic Entrepreneurship Journal, 2008, 2 (4): 357 – 375.

[300] Smith B R, Matthews C H, Schenkel M T. Differences in entrepreneurial opportunities: The role of tacitness and codification in opportunity identification [J]. Journal of Small Business Management, 2009, 47 (1): 38 – 57.

[301] Sorensen J B, Phillips D J. Competence and commitment: Employer size and entrepreneurial endurance [J]. Industrial and Corporate Change, 2011, 20 (5): 1277 – 1304.

[302] Stapleton R, Stapleton D. The significance of schemata and scripts in entrepreneurship education and development [J]. The Art and Science 4 of Entrepreneurship Education, 1996: 4.

[303] Schumpeter J. The theory of economics development [J]. Journal of Political Economy, 1934, 1 (2): 170 – 172.

[304] Schunk D H, Barry J Z. Self – regulated learning: From teaching to self – reflective practice [M]. New York: Guilford Press, 1998.

[305] Tang J, Murphy P J. Prior knowledge and new product and service introductions by entrepreneurial firms: The mediating role of technological innovation [J]. Journal of Small Business Management, 2012, 50 (1): 41 – 62.

[306] Tang J. Environmental munificence for entrepreneurs: Entrepreneurial alertness and commitment [J]. International Journal of Entrepreneurial Behavior & Research, 2008, 14 (3): 128 – 151.

[307] Teoh H Y, Foo S L. Moderating effects of tolerance for ambiguity and risk – taking propensity on the role conflict – perceived performance relationship: Evi-

dence from Singaporean entrepreneurs [J]. Journal of Business Venturing, 1997, 12 (1): 67 – 81.

[308] Timmons J A, Muzyka D F, Stevenson H H, et al. Opportunity recognition: The core of entrepreneurship [J]. Frontiers of Entrepreneurship Research, 1987 (7): 109 – 123.

[309] Tiwana A, Mclean E R. Expertise integration and creativity in information systems development [J]. Journal of Management Information Systems, 2005, 22 (1): 13 – 43.

[310] Toft – Kehler R, Wennberg K, Kim P H. Practice makes perfect: Entrepreneurial – experience curves and venture performance [J]. Journal of Business Venturing, 2014, 29 (4): 453 – 470.

[311] Tsang K. Acquiring knowledge by foreign partners from international joint ventures in a transition economy: Learning – by – doing and learning myopia [J]. Strategic Management Journal, 2002, 23 (9): 835 – 854.

[312] Tumasjan A, Braun R. In the eye of the beholder: How regulatory focus and self – efficacy interact in influencing opportunity recognition [J]. Journal of Business Venturing, 2012, 27 (6): 622 – 636.

[313] Tumasjan A, Welpe I, Spörrle M. Easy now, desirable later: The moderating role of temporal distance in opportunity evaluation and exploitation [J]. Entrepreneurship Theory and Practice, 2013, 37 (4): 859 – 888.

[314] Ucbasaran D, Alsos G A, Westhead P, et al. Habitual entrepreneurs [J]. Foundations and Trends in Entrepreneurship, 2008, 4 (4): 309 – 450.

[315] Ucbasaran D, Westhead P, Wright M, et al. Does entrepreneurial experience influence opportunity identification? [J]. The Journal of Private Equity, 2003, 7 (1): 7 – 14.

[316] Ucbasaran D, Westhead P, Wright M, et al. The nature of entrepreneurial experience, business failure and comparative optimism [J]. Journal of Business Venturing, 2010, 25 (6): 541 – 555.

[317] Ucbasaran D, Westhead P, Wright M. The extent and nature of opportunity

identification by experienced entrepreneurs [J] . Journal of Business Venturing, 2009, 24 (2): 99 –115.

[318] Ulrich D. Intellectual capital = competence × commitment [J] . MIT Sloan Management Review, 1998, 39 (2): 15.

[319] Uy M A, Foo M D, Ilies R. Perceived progress variability and entrepreneurial effort intensity: The moderating role of venture goal commitment [J] . Journal of Business Venturing, 2015, 30 (3): 375 –389.

[320] Vaghely I P, Julien P A. Are opportunities recognized or constructed?: An information perspective on entrepreneurial opportunity identification [J] . Journal of Business Venturing, 2010, 25 (1): 73 –86.

[321] Van de Ven A H, Hudson R, Schroeder D M. Designing new business startups: Entrepreneurial, organizational, and ecological considerations [J] . Journal of Management, 1984, 10 (1): 87 –108.

[322] Vandenberg R J, Lance C E. Examining the causal order of job satisfaction and organizational commitment [J] . Journal of Management, 1992, 18 (1): 153 –167.

[323] Venkataraman S, Sarasvathy S D, Dew N, et al. Reflections on the 2010 AMR decade award: Whither the promise? Moving forward with entrepreneurship as a science of the artificial [J] . Academy of Management Review, 2012, 37 (1): 21 –33.

[324] Wagner J A, Gooding R Z. Equivocal information and attribution: An investigation of patterns of managerial sense – making [J] . Strategic Management Journal, 1997, 18 (4): 275 –286.

[325] Weiner B. An attributional theory of achievement motivation and emotion [J] . Psychological Review, 1985, 92 (4): 548.

[326] Weissbein D, Huang J, Ford J, Schmidt A. Influencing learning states to enhance trainee motivation and improve training transfer [J] . Journal of Business and Psychology, 2011, 26 (4): 423 –435.

[327] Welpe I M, Spörrle M, Grichnik D, et al. Emotions and opportunities: The

interplay of opportunity evaluation, fear, joy, and anger as antecedent of entrepreneurial exploitation [J] . Entrepreneurship Theory and Practice, 2012, 36 (1): 69 –96.

[328] Wennberg K, Wiklund J, DeTienne D R, et al. Reconceptualizing entrepreneurial exit: Divergent exit routes and their drivers [J] . Journal of Business Venturing, 2010, 25 (4): 361 –375.

[329] Venkitachalam K, Busch P. Tacit knowledge: Review and possible research directions [J] . Journal of Knowledge Management, 2012, 16 (2): 357 –372.

[330] Westhead P, Ucbasaran D, Wright M. Decisions, actions and performance: Do novice, serial, and portfolio entrepreneurs differ? [J] . Journal of Small Business Management, 2005, 43 (4): 393 –417.

[331] Westhead P, Wright M. Novice, portfolio, and serial founders: Are they different? [J] . Journal of Business Venturing, 1998, 13 (3): 173 –204.

[332] Widding L. Building entrepreneurial knowledge reservoirs [J] . Journal of Small Business and Enterprise Development, 2005, 12 (4): 595 –612.

[333] Wiener Y. Commitment in organizations: A normative view [J]. Academy of Management Review, 1982, 7 (3): 418 –428.

[334] Wiltbank R, Sudek R, Read S. The role of prediction in new venture investing [J] . Frontiers of Entrepreneurship Research, 2009, 29 (2): 3.

[335] Wilson F, Kickul J, Marlino D. Gender, entrepreneurial self –efficacy, and entrepreneurial career intentions: Implications for entrepreneurship education [J]. Entrepreneurship Theory and Practice, 2007, 31 (3): 387 –406.

[336] Wing M T. Developing a behaviour –centred model of entrepreneurial learning [J] . Journal of Small Business and Enterprise Development, 2012, 19 (3): 549 –566.

[337] Wong K E, Yik M, Kwong Y. Understanding the emotional aspects of escalation of commitment: The role of negative affect [J] . Journal of Applied Psychology, 2006, 91 (2): 282.

[338] Wood S, Pearson M. Taken on faith? The impact of uncertainty, knowledge

relatedness, and richness of information on entrepreneurial opportunity exploitation [J]. Journal of Leadership and Organizational Studies, 2009 (9): 16 – 22.

[339] Wood R, Bandura A. Social cognitive theory of organizational management [J]. Academy of Management Review, 1989, 14 (3): 361 – 384.

[340] Wright M, Hoskisson E, Busenitz W, et al. Entrepreneurial growth through privatization: The upside of management buyouts [J]. Academy of Management Review, 2000, 25 (3): 591 – 601.

[341] Yamakawa Y, Peng M W, Deeds D L. How does experience of previous entrepreneurial failure impact future entrepreneurship [C]. Academy of Management Proceedings, Academy of Management, 2010 (1): 1 – 5.

[342] Yamakawa Y, Peng W, Deeds L. Rising from the ashes: Cognitive determinants of venture growth after entrepreneurial failure [J]. Entrepreneurship Theory and Practice, 2015, 39 (2): 209 – 236.

[343] Yang P, Chang Y C. Academic research commercialization and knowledge production and diffusion: The moderating effects of entrepreneurial commitment [J]. Scientometrics, 2009, 83 (2): 403 – 421.

[344] Zahra S A, Hayton J C, Neubaum D O, et al. Culture of family commitment and strategic flexibility: The moderating effect of stewardship [J]. Entrepreneurship Theory and Practice, 2008, 32 (6): 1035 – 1054.

[345] Zellweger T, Sieger P, Halter F. Should I stay or should I go? Career choice intentions of students with family business background [J]. Journal of Business Venturing, 2011, 26 (5): 521 – 536.

[346] Zhao H, Seibert S E, Hills G E. The mediating role of self – efficacy in the development of entrepreneurial intentions [J]. Journal of Applied Psychology, 2005, 90 (6): 1265.

[347] Zimmerman B J. Self – efficacy: An essential motive to learn [J/OL]. Contemporary Educational Psychology, https://doi.org/10.1006/ceps.1999.1016, 2000 – 05 – 25.

附　录

创业者认知、经验学习与机会开发问卷

尊敬的创业者：

您好！此问卷旨在探索创业者过去的创业经历产生的后续影响。如果您曾经有过创业经历，无论现在是否有再次创业的想法或者行为，都是我们的研究对象。劳烦您抽出宝贵的时间填此问卷，您的参与是对我们研究的重要支持。本问卷完全匿名作答，不用于任何商业用途，问卷结果仅仅用于科研目的，所有的个人信息都将严格保密，敬请放心！真诚地感谢您的合作。

第一部分：基本信息。

1. 您的年龄：A. 20 岁及以下　B. 21 ~ 30 岁　C. 31 ~ 40 岁　D. 41 ~ 50 岁 E. 50 岁以上

2. 您的最高学历是：A. 高中及以下　B. 本科　C. 硕士　D. 博士及以上

3. 您目前累计工作年限约为：A. 1 年及以下　B. 2 ~ 5 年　C. 6 ~ 10 年 D. 11 ~ 20 年　E. 20 年以上

4. 您创业所在的行业属于：A. 农林牧渔业　B. 制造业　C. 电力、热力、燃气　D. 建筑业　E. 交通运输　F. 信息传输、计算机服务　G. 批发和零售业

H. 住宿、餐饮业　I. 金融、保险业　J. 房地产业　K. 教育　L. 医疗卫生

M. 文化、体育、娱乐业　N. 其他行业

5. 您总共创办过几家企业：A. 1 家　B. 2~3 家　C. 4~5 家　D. 6 家及以上

6. 算下来，您创业、守业这个过程累计持续了多少年：A. 1 年及以下

B. 2~5 年　C. 6~10 年　D. 11~20 年　E. 20 年以上

7. 在您过去的创业中，员工人数为：A. 10 人及以下　B. 11~100 人

C. 101~300 人　D. 300 人以上

8. 您过去创办企业的结果是：　A. 多数都成功了　B. 多数失败了

C. 有成功的经历，也有失败的经历

第二部分：请根据您对以下观点的同意程度，在相应位置打√。

1. 关于创业的一些观点，您多大程度同意以下说法：

观点	完全反对	较为反对	一般	比较同意	完全同意
我有能力掌控整个公司的创立过程					
我清楚创办一家公司的必要细节					
我知道如何制订创业计划					
对于创办企业，我成竹在胸					
我创办企业，获得成功的可能性很大					
创办并运营一家公司对我来说比较容易					

2. 回想过去创业中的一些较为成功的事件，我认为之所以能够成功，是因为：

观点	完全反对	较为反对	一般	比较同意	完全同意
我有很好的产品设计和营销能力，在产品方面有独特的优势					
我有明确的目标，并且发展战略制定得很合理					

续表

观点	完全反对	较为反对	一般	比较同意	完全同意
我拥有合格的创业技能和企业管理能力					
我所在的行业竞争还不激烈，市场前景广阔					
现在的经济形势比较好，环境稳定					
有很多优秀人才的加入					

3. 回想过去创业中的一些较为失败的事件，我认为之所以失败，是因为：

观点	完全反对	较为反对	一般	比较同意	完全同意
缺乏产品设计和营销能力，在产品方面没有独特的优势					
我的目标不明确，发展战略制定得太不合理					
我缺乏相应的创业技能和企业管理能力					
我所在的行业竞争特别激烈，市场已被瓜分完毕					
现在的经济形势不好，波动太大					
很难招到优秀的人才					

4. 您多大程度同意以下说法：

观点	完全反对	较为反对	一般	比较同意	完全同意
如果能一直在自己创办的企业中工作，我感到很开心					
我喜欢跟别人讨论我的创业过程					
我把创业过程中遇到的问题当成我自己的问题积极解决					
创业比受雇于他人更能使我产生情感上的归属感					
"自己创办企业"这件事对我而言有重要的个人意义					
我对我的企业没有什么特殊感情					

5. 关于在创业过程中的收获，您多大程度同意以下说法：

观点	完全反对	较为反对	一般	比较同意	完全同意
我从创业过程中学会了如何管理企业					
我能通过创业深入了解我所在的行业环境和市场环境					
通过创业，我能清楚地知道如何改进我的产品					
我从创业过程中学会了如何获取所需的资源					
我经常归纳、整理和总结创业过程中获得的经验					
我很重视学习新知识并加以储备，以备以后使用					
我善于将外部信息转化为对我有价值的知识					
过去的经验可以为现在的工作提供指导					
通过思考，我能从过去的经验中产生新的见解					

6. 鉴于过去的创业经历，面对周围创业机会时，您会：

观点	完全反对	较为反对	一般	比较同意	完全同意
当发现有价值的机会时，我很可能着手开发这个机会					
我愿意投入很多资源和精力来开发识别出的机会					
我已经为再次开发创业机会做出了努力或行动					
我享受将潜在的机会变成企业的过程					
在识别出创业机会之后，我会很快开展机会开发相关活动					

问卷到此结束。十分感谢您的合作，愿您工作顺利！